专业导论系列教材

公共管理专业导论

主编　苑英科　陈建国

中国水利水电出版社
www.waterpub.com.cn
·北京·

内 容 提 要

本书为专业导论系列教材之一，对公共管理专业下属的行政管理、社会保障、教育经济与管理、土地资源管理及社会医学与卫生事业管理等专业进行了概览式的介绍。阐述了各个专业的内涵、发展脉络、基本理论及学习方法。从阅读书目、主要课程及相关资源等角度为同学们的进一步学习提供了导引。

本书适合作为公共管理专业新生的入门读物，也适合其他对公共管理专业感兴趣的读者阅读参考。

图书在版编目（CIP）数据

公共管理专业导论 / 苑英科，陈建国主编. -- 北京：中国水利水电出版社，2022.6
专业导论系列教材
ISBN 978-7-5226-0768-9

Ⅰ. ①公… Ⅱ. ①苑… ②陈… Ⅲ. ①公共管理－高等学校－教材 Ⅳ. ①D035-0

中国版本图书馆CIP数据核字(2022)第101518号

书　　名	专业导论系列教材 **公共管理专业导论** GONGGONG GUANLI ZHUANYE DAOLUN
作　　者	主编　苑英科　陈建国
出版发行	中国水利水电出版社 （北京市海淀区玉渊潭南路1号D座　100038） 网址：www.waterpub.com.cn E-mail：sales@mwr.gov.cn 电话：（010）68545888（营销中心）
经　　售	北京科水图书销售有限公司 电话：（010）68545874、63202643 全国各地新华书店和相关出版物销售网点
排　　版	中国水利水电出版社微机排版中心
印　　刷	天津嘉恒印务有限公司
规　　格	184mm×260mm　16开本　8.25印张　201千字
版　　次	2022年6月第1版　2022年6月第1次印刷
定　　价	**48.00**元

前言

国家治理现代化日益成为中国治理的主题。中国共产党第十八届中央委员会第三次全体会议在党的文件中第一次把国家治理与现代化联系起来，通过的《中共中央关于全面深化改革若干重大问题的决定》提出：推进国家治理体系和治理能力现代化。中国共产党第十九次全国人民代表大会指出，必须坚持和完善中国特色社会主义制度，不断推进国家治理体系和治理能力现代化。中国共产党第十九届中央委员会第四次全体会议审议通过的《中共中央关于坚持和完善中国特色社会主义制度、推进国家治理体系和治理能力现代化若干重大问题的决定》中明确提出了中国治理的总目标：到我们党成立100年时，在各方面制度更加成熟更加定型上取得明显成效；到2035年，各方面制度更加完善，基本实现国家治理体系和治理能力现代化；到新中国成立100年时，全面实现国家治理体系和治理能力现代化，使中国特色社会主义制度更加巩固、优越性充分展现。

随着中央精神和国家治理实践发展的需要，以研究“治国理政之道”为己任的公共管理专业的学科地位、价值及作用越来越显著。其根本原因是公共管理是一门实践导向的“经世致用”学科，始终在善治价值理念的指导之下探索解决社会实际问题的制度和政策设计。即使在2020年初疫情特殊时期，公共管理学科的特性也得到了充分的体现。社会公共危机事件所导致的对应急管理专业知识和人才的需要日益凸显。2020年4月27日下午，国务院学位委员会公共管理学科评议组举行了应急管理二级学科建设工作视频研讨会。北京大学2020年5月21日决定在公共管理一级学科下设置应急管理二级学科，下设五个研究方向，从2020年开始招收硕博研究生。由此可以肯定，在实现中国治理总目标的过程中，公共管理学科将会发挥其他学科所不可替代的重大作用。

然而，治道高深而知之难。公共管理专业作为一门综合性的学科，貌似容易实则不易被人们理解。有人曾问爱因斯坦：“为什么人的大脑能发达到发现原子结构、制造原子弹的程度，而我们却至今还不能寻求到防止核毁灭的正当手段?”爱因斯坦回答道：“很简单，我的朋友，因为政治学要比物理学难得多”。这说明治国理政的学问难度之大。如何让一个非专业的人快速地理解公共管理专业，如何让这个专业的初学者能够快速入门，是我们经常不得不面对的一个问题。每年开学典礼和专业教育之际，一些公共管理学院的院长们总是试图用浅显易懂的语言推广自己所钟爱的专业，例如浙江工商大学公共管理学院前院长陈剩勇教授所讲的“公共管理，管理一生，学好公管，管好中国”，给人留下了深刻的印象。我们身处以理工科见长的华北电力大学，对解答这一问题有着更迫切的需求和更大的难度，一直在不断思考如何快速有效地使公共管理专业的师生更加热爱本专业，让专业之外的人士更加认同本专业。不可否认，专业导论课程建设这一重大举措，为实现这一目标提供了有利的条件。这也是迅速组织《公共管理专业导论》编写组，启动编写工作，推出研究成果的驱动力所在。

编写一部公共管理专业的导论性教材，要起到科普和导游图的作用，必须要处理好专业和常识、专门知识和一般性知识、国际化和本土化、广度和深度及接受度等之间的关系。为力图实现这些目标，本教材必须突出如下特色：

一是采用总分的结构形式，力图体系化地呈现公共管理一级学科及其所属的二级学科的知识体系。具体而言，导论部分从一般性的角度阐述了公共管理的内涵和特质，这些特性应该是公共管理下属的二级学科的共同性内容。此后的章节分别从行政管理、社会保障、教育经济与管理、社会医学与卫生事业管理、土地资源管理等二级学科展开。在每一部分都从专业的学科定位、发展历史、研究内容及学习方法四个方面展开。

二是为了突出公共管理专业的本土化发展，除了概论与公共管理下属的五个二级学科之外，还专门在主要章节中讨论改革开放以来中国公共管理理论的发展。

三是在内容和形式上力图达到专业科普的目标。在讨论每一个专业学科内容方面，尽量突出科普特性，力图用浅显易懂的语言讲述专业深刻的知识。除此之外，我们还专门在每一章的末尾专设了本章小结，以便读者能够快速把握本章要点，同时还特意根据章节内容筛选了阅读材料或者案例分析材料，围绕材料提出了思考问题，为读者深入学习思考提供基础。

另外，需要特别说明：一是中国公共管理专业在国家规定的二级学科之外，有些高校为了突出特色，可能自主设立了专业目录外的二级学科，由于情况多样复杂，本书没有对此进行专门深入讨论；二是以实践为导向的公共管理学科谋求的是“经世致用”之道，因此它时刻都处在动态发展过程中，例如国家是否会因应疫情等危机管理的需要而调整专业目录，在公共管理一级学科之下增设应急管理二级学科，尚无明确的定论，这方面的内容也没有专门成章在本书中单独讨论。

本书由苑英科、陈建国主编，陈建国编写了第1章；高富锋编写了第2章；姚建平编写了第3章；苑英科编写了第4章；呼占平编写了第5章；刘妮娜编写了第6章。在全书的策划、组织、编写、推进和统稿过程中，陈建国教授做了大量工作，对于整个编写团队团结合作、相互支持，在此一并表示感谢！

尽管各位编写者多年来从事着与相应章节内容相关的教学或者科研工作，但本书是我们进行公共管理专业科普工作的一次尝试。限于知识和能力水平，不尽人意之处是难免的。本书编写出版之后，我们还计划开设面向全校的“公共管理专业导论”公选课程。我们特别期待各位专家和读者朋友们不吝赐教，给我们提出建议和意见，以便能在再版的时候进一步完善。

苑英科

2022年3月于华北电力大学

目录

第 1 章

公共管理的内涵与特质

公共管理学是研究公共管理实践活动规律的学问。对公共管理学的理解必须建立在对公共管理实践理解的基础之上。虽然人们对公共管理学的理解众说纷纭，纷繁复杂。化繁为简，简而言之，公共管理学是公共部门供给公共物品和服务，解决公共问题，满足公共需求的过程。

1.1 从公共行政到公共管理

最容易让人迷惑的是公共行政和公共管理两个概念。其实从学科发展历史的角度分析，可以认为公共管理是公共行政发展的新阶段，可以从公共行政到公共管理的学科发展演变历史中把握公共管理的意涵。公共管理的学科发展历史其实是围绕着公共管理活动价值理念变迁而出现的一系列管理策略、方法和技术的创新。当然，无论是价值理念的变迁还是管理策略、方法和技术的创新，都不是凭空而来的，而是对特定时空条件下的社会问题的回应和调整。

1.1.1 囿于狭义效率的传统公共行政

说到公共行政（public administration），国内的一些人就感到比较陌生，但是当说是行政管理时，人们顿时感觉亲切了。其原因是中国在 20 世纪 80 年代翻译西方公共行政著作时，结合中国的国情，将“public administration”翻译成了行政管理，而放弃了“公共”（public）。这主要是因为中文“政”字已经包含有“政府”“政务”的含义；把“administration”译为“行”，是因为中文“行”字已有运作、实施的意思[1]。毛寿龙教授则认为，在中文里的学者一般把英文的“public administration”直译为公共行政，而首字母大写的“Public Administration”则直译为公共行政学。20 世纪 80 年代，为避免政治上的敏感性，有学者有意强调其管理性，人们一般把小写的“public administration”译为行政管理，而把首字母大写的“Public Administration”译为行政管理学，简称行政学，教育部的专业目录上公共行政学成为“行政管理”，当时成立的很多公共行政学教学和研

[1] 夏书章．行政学和行政管理学科名称杂议［J］．唯实，1997（3）：3－7．

究机构称作“行政管理研究所”或“行政管理学系”[1][2]。除了“行政管理学”之外，人们还使用“行政（学）”“行政科学”“公共行政管理（学）”等名词。事实上，他们都对应的是西方的“public administration”[3]。当指称的是实践时采用小写，当指学科时采用大写。

效率主义是传统公共行政阶段的核心价值诉求，这一价值诉求也塑造了传统公共行政的理论范式及实践导向。从公共行政学的产生来看，主要解决的是两个问题，威尔逊在其《行政之研究》中明确指出，行政管理学一是解决政府职能的问题，也就是公共行政做什么的问题；二是解决政府效率问题，也就是公共行政如何做的问题。

在传统的公共行政学中，公共组织设立或者改革的标准一直是公共行政学研究的重点。伍德罗·威尔逊认为在政治与行政二分的前提下，公共行政组织的目标就是追求效率：“最大可能的效率和最低可能的资金或精力成本”[4]。他认为这就是良好行政的重要标准。威尔逊理论的核心观点是“权力越分散，就越不负责任”。[5] 马克斯·韦伯同意威尔逊的立场，行政组织依靠从行政日常事务中排除政治，而致力于形式合理化的官僚体制建设。在威尔逊和韦伯那里，等级制组织的完善与最低成本的绩效是等同的。把效率蜕化为等级组织原则，他们认为专业化、职业化程度越高，在单一命令链条里，线性组织越完备，效率就越高[6]。于是，在公共行政学科的发展史上，就出现了威尔逊范式的基本定理或者所谓的公共行政原则。在很长一段时期内，是否符合这些原则就成了判断政府机构合理与否的标准，这些原则也成了政府组织机构设置的标准模型。文森特·奥斯特罗姆将公共行政的威尔逊范式的基本定理总结为：①在任何政府中总是存在一个占支配地位的权力中心，一个社会的政府为单一的权力中心所控制；②权力越分散，它就越不负责任；或者换言之，权力越一元化，它就越会受到来自更为负责的单一权力中心的指导；③宪法结构界定和决定该中心构成，并确立与立法和行政控制有关的政治结构，每个民主政府的体制都把人民的代表提高到绝对主权的位置；④政治领域设定行政的任务，但行政的领域在政治适当范围之外；⑤就行政的功能来说，所有现代政府具有极相似的结构；⑥经职业化训练的公务员等级序列的完善为“良好”行政提供了结构条件；⑦等级制组织的完善会使效率最大化，在此效率尺度花费最少的钱和做最少的努力；⑧上文界定的“良好”行政是人类文明的现代化和人类福利提高之必要的条件。

在威尔逊之后，弗兰克·J. 古德诺在《政治与行政：一个对政府的研究》一书中断定政府有两种职能，其中的政治“与政策有关，或是国家意志的表达”，而行政则是“与这些政策的执行有关”[7]，这些思想形成了“政治-行政”二分的雏形，此后罗纳德·怀特的《公共行政研究导论》和 W. F. 威劳比的《公共行政原则》两本教科书的出版，为传

---

[1] 毛寿龙．行政管理学、公共行政学与公共管理学的制度基础［J］．制度分析与公共政策网站．

[2] 房波，张辉．另类解读公共管理与行政管理的关系——兼析目前我国高校行政管理专业的尴尬存在［J］．甘肃行政学院学报，2008（3）：88－91．

[3] 曾峻．公共管理新论：体系、价值与工具［M］．北京：人民出版社，2006．

[4] Woodrow Wilson. The Study of Administration［J］．Political Science Quarterly，1887，2：197－222．

[5][6] ［美］文森特·奥斯特罗姆．美国公共行政的思想危机［M］．毛寿龙，译．上海：上海三联书店，1999．

[7] 弗兰克·J. 古德诺．政治与行政：一个对政府的研究［M］．上海：复旦大学出版社，2011．

统公共行政模式的成熟奠定了基础。1937 年卢瑟·H. 古立克和林达尔·厄威克出版的《行政科学论文集》标志着行政原则的形成。他们在该论文集中写道“不论企事业的目的、人事的组成以及组织设立所依据的宪法、政治或社会理论，这些原则都可以作为一种技术性问题来研究”❶。他们提出了行政的“七项原则”：POSDCORB，即 P（planning）计划，O（organization）组织，S（staffing）人员，D（directing）指挥或领导，CO（coordinating）协调，R（reporting）报告，B（budgeting）预算。马克斯·韦伯总结的具有准确、速度、知识、连续性、灵活、统一、严格的服从、摩擦少、物力和人力成本低等属性的官僚制直接支持了威尔逊的所有重要观点。这样一来公共行政的威尔逊范式与韦伯的官僚制合流，传统的公共行政的基本原理就逐步定型了。

欧文·E. 休斯认为传统的公共行政是不同于公共管理的理论范式，其基本确立于 19 世纪。该模式的主要特征体现为公共行政的七条原理❷：

（1）官僚化的组织原则。政府自身应按照官僚层级节制的原则进行组织，德国社会学家马克斯·韦伯在对官僚制的经典分析中对这一原则做了非常明确的阐述。虽然这一原则在企业和其他机构中也被广泛采纳，但他们在公共部门中被运用的更彻底和持久。

（2）传统公共行政认为存在着一种最佳工作方式，并且极力推崇和施行科学管理原理。提供给组织唯一的一种最佳运作方式也需要行政官员严格遵守在工作综合手册中所列出的每项工作的细节化程序。

（3）官僚供给原则。通过官僚制组织提供服务。一旦政府自身介入某一政策领域，它也将通过官僚制组织成为商品和服务的直接提供者。

（4）行政官员普遍信奉“政治与行政二分”，即政治问题与行政问题应被严格地分离。行政仅仅是执行命令的工具，而政策或战略问题则属于政治领导人的职责范围。

（5）假定公务员个体的动力源自对“公共利益”的忠诚和追求，那么公共服务的供给便是无私的。

（6）公共行政是一种特殊的活动形式，因此，它需要一支中立的、匿名的、终身制的（并且在众多国家存在着极为特殊的雇佣条件）且有能力为任何政治领导提供同样服务的职业官僚队伍。

（7）从字面意义上讲，公共服务领域的任务确实是“行政性”的，也就是说，执行由他人提供的指令而无须为结果承担个人责任。

传统的公共行政坚持效率至上主义，但是将效率局限于行政组织的建设过程中。将民主放逐于政治领域，公共行政集中精力进行官僚体制建设和管理的科学化。登哈特将这种取向概括为三个中心要素：“第一，科学方法可以被用于行政研究；第二，科学可以制定行动指南；第三，行动指南将改进组织的效率，而效率是评价组织工作的主要标准”❸。在这些著作的推动下，传统的公共行政获得了巨大的发展，但是很快就遭受到了质疑和批

❶ 尼古拉斯·亨利．公共行政与公共事务：第 10 版［M］．张昕，张成福，译．北京：中国人民大学出版社，2017.

❷ 欧文·E．休斯．公共管理导论：第 4 版［M］．张成福，马子博，等，译．北京：中国人民大学出版社，2015.

❸ 何艳玲．公共行政学史（公共管理创新系列教材）［M］．北京：中国人民大学出版社，2018.

评，小劳伦斯·E. 林恩所描述的传统公共行政理论一度如日中天，但是在下午就死了[1]。此后不久，在西蒙的致命批判下，传统公共行政陷入了身份的危机之中，尤其是在西蒙、达尔和沃尔多三个大师围绕着学科“大问题”的争论中遭遇了范式危机。争论的焦点有三个：①学科定位：公共行政学是否为一门科学；②方法论之争：是实证的还是规范的；③价值取向之争：是效率还是民主[2]。

1.1.2　兼顾公平价值的新公共行政

“西沃之争”体现了以效率为核心的研究方向与公共行政的公共性之间产生的不容忽视的冲突[3]。在沃尔多的推动下，一批旨在让行政成为民主行政的年轻学者分别在 1968 年、1988 年和 2008 年聚集在锡拉丘兹大学的明诺布鲁克会议中心召开了三届明诺布鲁克会议。每次会议的论文集都标明了新公共行政在价值诉求方面的具体内涵。与传统公共行政集中追求效率不同，新公共行政重视社会公平、代表性、响应、参与及社会责任感。它支持公民更多地参与公共政策及公共服务的发展、管理与评估以确保更高程度的社会公平[4]。新公共行政的旗手 H. 乔治·弗雷德里克森认为，实现以较少投入换取较大产出即经济和效率目标固然是公共行政的价值追求和目标之一，但绝不是其核心价值，更不是唯一的价值准则和终极目标[5]。

1988 年召开的第二届明诺布鲁克会议继续了第一次会议的主题，讨论的内容集中于如下方面：①1968 年所出现的不满足于现状的见解不再是临时性的，对社会公平的见解相似并且接受这样的看法，即社会公平与现实接近；②强烈关注民主价值及其在公共行政的核心地位；③持续进行价值观与行为观的争论；④社会多元化并体现就业构成的观点成为本次会议的基本价值取向，社会多元化清晰地成为 1988 年的主题；⑤本次明诺布鲁克会议的声音是乐观的，对比于 60 年代感觉无希望的处境，参会者感觉到了 90 年代有限的希望；⑥对近期的看法和革新的预期更符合现实；⑦公共行政在处理其多学科根基的问题上遇到了障碍，并阐述了公共行政职业中民族中立的问题；⑧尽管接受了私有化的观点，资本主义（商业和企业）却受到藐视；⑨对公共人事系统限制的不耐烦情绪比较明显；⑩不愿意涉及技术进步，认为技术进步是一种错误而不是改善公共服务的一种工具；⑪尽管是公共行政在政策制定中的作用，参会者不愿意进一步探讨政府该做什么。政治与行政的二分法仍然有其市场[6]。

1.1.3　追求广义效率的新公共管理

当代政治经济学家继续了古立克和西蒙的挑战，根据人的模式 、事物的结构，按照广义的效率标准来选择公共事务治理的组织安排，走向了以利益相关者自主治理和自主决

---

[1] Laurence E. Lynn，Jr. The Myth of the Bureaucratic Paradigm：What Traditional Public Administration Really Stood For [J]. Public Administration Review，2000，61 (2)：144 - 160.

[2][3] 何艳玲 . 公共行政学史（公共管理创新系列教材）[M]. 北京：中国人民大学出版社，2018.

[4] 康特妮，马克·霍哲，张梦中 . 新公共行政：寻求社会公平与民主价值 [J]. 中国行政管理，2001 (2)：43 - 46.

[5] H. 乔治·弗雷德里克森 . 新公共行政 [M]. 丁煌，译. 北京：中国人民大学出版社，2011.

[6] Guy，Mary E. Minnowbrook II：Conclusions [J]. Public Administrative Review，1989，49 (2)：223.

策为核心的多中心路径。在多中心的视野下，公共组织、私人组织、志愿组织等都是备选的选项，而且他们之间通过竞争性的关系考虑对方，开展多种契约性和合作性的事务或者利用中央的机制来解决冲突。

由于对官僚制效率的失望、财政赤字等原因，人们对政府进行了反思和抨击，主要表现在三个方面：①人们认为公共部门的规模过于庞大，政府在经济上消耗了过多的资源；②人们认为政府本身介入的活动太多，而许多互动可通过其他可替代性方法来开展；③由于官僚体制越来越不能受到人们的喜欢，政府做事的方式和方法也受到人们持续的抨击❶。自20世纪70年代末80年代初开始，西方各国掀起了一场声势浩大且旷日持久的政府改革运动。当时西方世界经济发展中出现的“滞胀”危机，凯恩斯主义难以有效解释，因此具有商业周期思想的奥地利经济学得到了重视。1979年，当选英国首相的撒切尔夫人奉奥地利经济学派的代表性人物哈耶克为导师，用其自由经济思想指导英国开展了彻底性的政府改革运动。1980年，当选美国总统的罗纳德·里根也开始对美国的公共部门进行了大规模的改革。这一改革浪潮不仅发生在英国、美国，还发生于荷兰、丹麦、加拿大、澳大利亚、新西兰、德国、法国、意大利、希腊、西班牙，以及中国等亚洲国家。

新公共管理运动不仅对政府治理实践带来了深刻的变革，而且促成了公共管理理论范式的彻底转换。欧文·E. 休斯认为，随着开始于20世纪80年代的改革进程的加速，传统的行政模式已经被公共管理模式所取代。新公共管理继续了效率主义的诉求，只是放宽了效率的视野，不再局限于通过组织内部的科层控制追求效率，而是将市场、社会组织、分权等各种途径都纳入了视野。通过还原成本收益分析，将各种制度安排和治理工具都作为实现成本收益分析的途径，那么公共管理的实现空间就无限广阔了，而不必像公共行政那样囿于政府组织建设。新公共管理的含义主要包括企业化管理、加强竞争和市场导向，总之就是政府管理采纳私人企业的管理方法，而不是去努力完善微波式的官僚制度，利用集权、加强监督、加强责任制的办法来改善行政绩效❷。

胡德（Hood）对新公共管理的要义进行了总结，主要包括：①公共部门职业化管理。这意味着让管理者进行管理，或如胡德所言，“由高层人员对组织进行积极的、明显的、裁量性的控制”；②绩效的明确标准与测量。这需要界定目标和设定绩效标准，其支持者在论证时指出“问责需要明确目标，效率需要紧紧盯住目标”；③对产出的控制格外重视。根据测量的绩效将资源分配到各个领域，因为需要重视的是结果而非过程；④公共部门中的单位趋向分化。这包括将一些大的实体分解为围绕着产品组成的法人单位，它们的资金是独立的，在保持一定距离的基础上处理彼此之间的关系。为此有必要设立管理性的单位，既从公共部门体制内获取好处，也能够通过特许经营的制度安排从体制外得到好处；⑤公共部门趋向于更具竞争性。这包括订立合同条款和公开招标程序，其合理性在于把竞争作为降低成本和提高标准的关键；⑥对私营部门管理方式的重视。这包括不再采用军事化的公共服务伦理观，在人员雇佣和报酬等方面具有弹性。其合理性在于需要将私营部门行之有效的管理工具应用到公共部门中去；⑦强调资源利用要具有更大的纪律性和节约

❶ 欧文·E. 休斯. 公共管理导论：第4版［M］. 张成福，马子博，等，译. 北京：中国人民大学出版社，2015.

❷ 毛寿龙，李梅，陈幽泓. 西方政府的治道变革［M］. 北京：中国人民大学出版社，1998.

性。胡德将此看作“压缩直接成本，加强劳动纪律，对抗工会要求，降低‘服从企业的成本’”。其合理性需要“通过检查公共部门的资源需求，‘少花钱多办事’”予以典型地证明。

新公共管理是一个复杂多样的实践过程，不同的学者突出强调了其不同的特性，因而赋予其不同的名称。有人称其为“新泰勒主义”，有人则称其为“企业化政府”。作为指导美国克林顿政府改革手册的《重塑政府—企业家精神如何改革着公共部门》总结了企业化政府的核心原则：①大多数企业化的政府都促进在服务提供者之间展开竞争；②他们把控制权从官僚机构那里转移到社区，从而授权给公民；③他们衡量各部门的实绩，把焦点放在后果上而不是在投入上；④他们行为的动力不是来自规章条文，而是来自自己的目标，自己的使命；⑤他们把服务的对象重新界定为顾客，让顾客们有所选择，选择学校、选择职业培训计划、选择住房；⑥他们防患于未然，而不是在问题成堆后才来提供各种服务；⑦他们把精力集中于挣钱而不单单是花钱；⑧他们下放权力，积极采用参与式管理；⑨他们宁可要市场机制而不要官僚主义机制；⑩他们关注的中心并不简单是提供公众服务，同时也是向公营、私营和志愿服务各部分提供催化剂，使之行动起来解决自己社区的问题[1]。

除此之外，公共管理的实践变革还在继续进行着，尤其是网络治理、合作治理、数字化治理及大数据等技术的变革不断地推动着公共管理实践的创新发展。

1.2　公共管理的内涵与研究对象

新公共管理运动不仅意味着政府治理实践的变革，而且意味着公共管理理论范式的变迁，因而公共管理就不同于公共行政或行政管理。

1.2.1　公共管理的内涵

从词义的角度来看，公共管理包括两个部分，一部分是“公共”，主要指向管理的价值；另一部分是“管理”，主要指向管理的策略、方法和技术。就价值而言，公共管理所要追求的是公共的价值，而不是私人的价值。公共管理具有鲜明的价值诉求，自由、秩序、民主、参与、透明、效率、法治、公平、正义、责任等都与之有关[2]。公共管理追求的是公共利益和公平正义，而不是私人利益。从客体的角度而言，公共管理供给公共物品和服务，而不私人物品和服务。从主体的角度而言，公共管理的主要活动主体是公共部门，而不是私人部门。从资源的角度而言，公共管理动用的主要是公共财政等资源，而不是私人资金。从过程的角度而言，公共管理是大公无私的，因而其过程应当是公开透明的、没有因私可言，而不能是藏着掖着、不可示人。从结果的角度而言，公共管理活动旨在提升公众的满意度和获得感，而不是满足某个或某些个体的私欲。

就管理而言，公共管理学是一门管理学，需要采用多种多样的管理策略、方法和技

---

[1] 戴维·奥斯本，特德·盖布勒．改革政府：企业家精神如何改革着公共部门［M］．周敦仁，译．上海：上海译文出版社．

[2] 曾峻．创新公共管理学理论体系的探讨［J］．中国行政管理，2007（3）：73－75.

术。这是管理学的知识、方法和技术在公共管理学中的反映。传统的行政学在这方面总结出了很多的成果，例如行政谚语和 POSDCORB 等，POSDCORB 即管理七职能也称作 POSDCORB，即 Planning（计划）、Organising（组织）、Staffing（人事）、Directing（指挥）、Coordinating（协调）、Reporting（报告）、Budgeting（预算）。随着实践的发展，公共管理的策略方法是丰富多样的。

公共管理的策略方法主要围绕着公共管理的过程展开。主要集中在如下方面：

（1）决策安排的策略方法，就是围绕着不同层次的公共事物或问题将相关人群的需求偏好通过集体选择集中转化成集体的决策的方式方法。这方面的策略方法集中体现为公共政策的决策理论、民主策略方法、公民参与策略方法、决策科学、政策咨询、智库等方面。这些理论目前分布在公共政策学和政治学等学科中。公共管理理论体系的构建，应当明确为公共管理理论的有机构成部分。

（2）生产安排的策略方法，就是在决策之后，安排由谁进行产品和服务生产的过程中所要使用的策略方法。这主要体现为"治理地方公共经济理论"中的提供-生产分离的策略方法、合同治理的方法、招投标的方法、购买服务的方法等。

（3）资源管理的策略方法，围绕着实现决策安排的目标，筹集人、财、物及信息资源，并对他们进行恰当的管理控制，从而实现公共管理活动的目标。这里主要包括人力资源管理的策略方法、税收和财政资源管理、预算管理、公共资产管理、信息资源管理等。这些内容目前都分布在不同的学科体系中，公共管理的理论体系应当有意识地将他们吸收融合进自身之中。

（4）执行、供给和服务生产的策略方法主要是政策决定之后，围绕着政策实施、公共物品和服务的生产过程中使用的方式和方法。这方面的内容主要包括政策执行理论、项目管理理论、合作生产理论、顾客导向理论等。

（5）执行结果管理的策略方法，即在公共管理活动开展之后，对其结果进行控制、监督、测量、评价和管理等方面的策略方法，主要包括目标管理、质量管理、绩效测量以及监督控制方面的内容。

薛澜等人将公共管理定义为政府制定公共政策，与其他公共组织一起，处理公共事务，提供公共产品和服务的活动。公共管理活动包括以下方面：①公共政策：政府制定公共政策的活动；②政府管理：政府处理公共事务，提供公共产品和服务的活动，包括行政机关、立法机关、司法机关以及军队、警察等国家机器各个部门的管理；③非政府组织管理：除政府以外的公共部门处理公共事务，提供公共产品和服务的活动。作为研究公共管理活动的公共管理学科，其研究对象不但包括政府及其他公共组织的公共管理实践活动规律，同时也包括政府及其他公共部门本身的组织行为[1]。

总之，公共管理就是在公共价值的指导下，以政府为核心，包括非营利组织及市场组织在内的多个主体，为了满足社会公众的公共需求、解决公共问题，动用多种公共资源、运用一定的策略方法，供给公共物品和服务的过程。

---

[1] 薛澜，彭宗超，张强．公共管理与中国发展——公共管理学科发展的回顾与前瞻［J］．管理世界，2002（2）：43－56，153.

1.2.2　公共管理学的特点

由于公共管理的内涵和实践，公共管理学也具有不同于一般管理学或者工商管理学等学科的特点。

公共管理学是一门实践导向的应用型学科。公共管理学虽然离不开价值的指导，但这并不意味着公共管理学就是伦理学或者政治哲学。公共管理学的逻辑起点是公共问题，公共管理活动是为了解决公共问题才开展的。公共行政，无论是作为人类的社会实践活动，还是作为一门独立的科学研究领域，从一开始就是以解决公共问题作为其使命的[1]。没有公共性的问题，就没有必要有政府或者公共管理活动。所谓的公共问题主要是指公共的需求和现实之间的差距。公共问题或者表现为公益性的物品和服务相对于人们的需求而言是短缺的，因此公共管理实践要致力于供给符合社会公众需求偏好的公共物品和服务。公共问题或者表现为公害物品相对过剩，例如环境污染等，因此公共管理实践要致力于消除公害物品，从而增加人们的福利。作为研究公共管理活动规律的公共管理学，当然也要坚持实践导向，研究具体的社会实践问题，解决具体的难题。

公共管理学是一门跨学科交叉融合的综合性学科。公共管理学虽然不同于公共行政学，但是作为在公共行政学基础上发展出来的学科，公共管理学和政治学之间仍然有着千丝万缕的联系。公共管理学是在当代政治学、经济学、管理学、社会学、政策科学等学科基础上，融合各种理论逐步发展起来的[2]。陈振明认为学科基础更广泛、更扎实。传统的公共行政学的主要学科基础是政治学，尤其是以官僚体制理论和政治——行政二分法作为理论基础，而公共管理学更多地依赖于经济学和工商管理学，大量运用经济学的理论和方法来分析公共管理问题并日益与工商管理学相融合[3]。

公共管理学是价值、方法和技术相统一的学科。张成福教授指出公共管理是“术”、“法”和“道”的统一体。“术”是国家治理的第一个层次，是治理手段、方法等工具在治理中的运用；“法”是国家治理的第二个层次，作为人类行为的一套规则系统，它又可分为宪法、制度、政策三个方面；“道”是国家治理的第三个层次，“法”可变，“术”可变，唯“道”不变，在国家公共治理的过程中，它体现在维护人性尊严，维护公共利益，体现社会正义，承担公共责任等方面[4]。

1.2.3　公共管理的研究对象

曾峻曾经将公共管理的研究对象总结为公共管理学的“一二三四五”新体系。“一”是指公共管理的一个逻辑起点：公共物品。“二”是指公共管理的双重价值：公共性与工艺性。“三”是指公共治理的三个主体：政府、社会与市场。“四”是指公共组织管理中的四大要素：战略、资源、结构和流程。“五”是指公共组织管理流程中的五种行为：公共

---

[1] 张成福．意识的转化与内在革命——关于我们时代公共行政大问题的对话［J］．中国行政管理，2019（10）：14－19．

[2] 张康之，李传军．公共管理是一种新型的社会治理模式［J］．行政论坛，2010，17（3）：1－7．

[3] 陈振明．什么是公共管理（学）——相关概念辨析［J］．中国行政管理，2001（2）：13－16．

[4] 张成福．公共治理之道——原则、价值和取向［oL］．http：//oldhss. buaa. edu. cn/info/1095/5383. htm．

决策、贯彻执行、工具选择、控制监督和绩效评估[1]。根据前面的论述，公共管理的研究对象比较广泛。简而言之，公共管理的研究对象包括公共管理实践活动的主体、客体、作用对象、可利用的资源、活动过程、活动结果及公共管理活动的方法、方式和技术等，同时还包括规范调节公共管理活动的价值、伦理、文化和制度规则体系。

公共管理的客体就是公共物品和服务。作为公共管理活动客体的公共物品和服务是公共管理学的逻辑起点。逻辑起点是一种理论或一门学科的出发点，它是理论或学科体系中最基本、最抽象、最简单的范畴，由它能推演和引申出整个理论体系的逻辑主线、逻辑结构和逻辑终点[2]。齐明山认为行政学的宗旨是行政效率，它是其研究的出发点和落脚点[3]。张庆东则认为，公共管理研究的逻辑起点是"公共问题"[4]。曾峻则认为公共管理研究的逻辑起点是"公共物品"[5]。如前所述，正如私益性物品的稀缺是经济学的逻辑起点一样，公益物品的稀缺或者公害物品的过剩也是公共管理活动的出发点。

公共管理的主体是以政府为核心的公共部门。公益物品和公害物品面临着成本收益不对称的难题。对于公益物品而言，单纯依靠自愿机制，获得收益的人可以不支付成本。对于公害物品而言，单纯依靠自愿机制，承担了成本的人不一定能够获得收益，例如环境污染等。这样就有必要借助政府的强制力将不对称的成本和收益造成的外部性内部化，使得享受收益的人通过税收、罚款等方式承担成本。除了政府之外，非营利组织由于具有利他的动机又没有追求利润的动机，因而也适合用于向公众提供公共物品和服务。

公共管理的作用对象是社会公众。公共管理的终极目标是提升社会公众的获得感和满意感，因此公共管理也需要将社会公众纳入研究的范畴。需要分析其所面对作用对象的人口社会学特征，需要研究如何调动作用对象的积极性参与到公共管理活动过程中来，如何在一些公共物品，尤其是公共服务的供给过程中吸引他们参与合作生产。公共服务治理的传统模式认为政府等公共部门负责公共产品或服务的供给，而市民是消极等待的消费者。新公共管理运动提出"掌舵而不划桨"，重组了公共产品或服务的生产安排，但仍没有改变公共部门与市民间的关系。而合作生产理念将公共产品或服务的供给过程看做是公共部门等供给单位与市民合作互动的过程，双方之间是合作互赖的关系[6]。

公共管理可利用的资源主要是公共财政资源、人力资源及信息资源等。工欲善其事，必先利其器。公共管理活动的开展都必须要投入一定的资源。没有充足的资源投入，公共管理活动难以开展，更谈不上提升公众的满意度和获得感。因此，公共管理学也必须要将公共财政资源、人力资源、信息资源等资源的管理活动纳入到研究的范畴之内。

公共管理的活动过程貌似纷繁复杂，但是当我们将目光放在具体实践过程时，其实践就表现为一个一个的公共项目或公共政策过程。无论是公共项目还是公共政策的过程，都可以包括需求发现或公共问题、政策制定或项目立项、政策执行或项目实施、政策评估或项目评价等若干个具体的过程。因此，公共管理学也要将公共政策和公共项目管理纳入研

---

❶ 曾峻．创新公共管理学理论体系的探讨［J］．中国行政管理，2007（3）：73－75.

❷❸❺ 曾峻．公共管理的逻辑起点论析——公共管理学基本问题研究之一［J］．上海师范大学学报（哲学社会科学版），2003（5）：36－42.

❹ 张庆东．公共问题：公共管理研究的逻辑起点［J］．南京社会科学，2001（11）43：51.

❻ 陈建国．合作生产理论与公共服务治理的思维转换［J］．天津行政学院学报，2012，14（2）：63－67.

一级范式最重要层次（公共性）

假　定	研究内容	问　题
公共管理区别于一般性管理	公共性质的地位	如何改进公共部门工作

二级范式次要层次（认知方法）

	经营理论（52%）	政治理论（17.6%）	司法理论（6.0%）	伦理理论（1.6%）	历史/感知理论（15.5%）	综合理论（4.2%）	其他（3.0%）
假定	公共管理就是效率，有效性和经济	公共管理就是谁想得到什么	公共管理就是合法权益	有关道德伦理	历史与现实紧密相关	公共管理复杂的管理过程	未确认模式
研究内容	个人群体，组织结构和程序	个人群体、社区、政治组织结构和程序	法律制度和程序	伦理标准和程序	历史文献、人物与事件	与管理有关的相关问题	未确认模式
问题	如何更高效和经济的运作	如何取得权力与资源	如何解决冲突，贯彻法律和制度	伦理对管理和社会的影响	如何避免历史错误	如何全面的理解公共管理	未确认模式

三级范式更次要层次（研究领域）

次要层次	假定	研究内容	问题
组织管理和执行决策	公共管理中组织管理的重要性	结构与程序	如何进行组织工作
人事管理	公共管理中人事管理的重要性	结构与程序	人事制度的程序与效果
政治/立法机构与程序	公共管理中政治/立法机构与程序的重要性	结构与程序	政治与立法机构的描述与评价
金融与预算	公共管理中金融与预算的重要性	结构与程序	预算/金融程序与效果
公共管理理论	公共管理中公共管理理论的重要性	结构与程序	公共管理的正确性
政策制定与分析	公共管理中政策制定与分析的重要性	结构与程序	政策程序与效果
社会经济问题	公共管理中社会经济问题的重要性	结构与程序	变化的社会与经济问题
研究方法改进	公共管理中研究方法改进的重要性	结构与程序	更好的有效性与可靠性
技术使用与管理	公共管理中技术使用与管理的重要性	结构与程序	管理目的
其他			

图 1－1　公共管理方式研究图：3 级层次模型❶

❶　蓝志勇，凯瑟琳・安德逊．当代公共管理研究的范式观——一项经验研究［J］．公共管理学报，2005（3）：12－22，92－93.

究的范畴之内。政策评估或者项目评价在当前的实践中表现为公共部门绩效评估。

此外，公共管理学还必须要研究公共管理的策略、方法和技术，这一点前文已经论述。

就具体内容而言，公共管理的研究比较广泛。蓝志勇教授对美国的公共管理研究期刊的634篇论文进行了系统的梳理，发现研究的主题集中于众多领域，其中人事管理13.0%，政治与立法机构与程序11.4%，金融与预算10.2%，管理理论8.8%，政策制定与分析7.4%，社会与经济问题4.2%，研究方法的改进3.7%，人力资源发展3.0%，技术使用与管理2.3%，伦理1.6%，文献分析1.2%，其他2.3%。他讲公共管理的研究内容归结为三个层次，第一个层次是公共管理的性质问题，也就是公共性的问题；第二个层次是公共管理追求是什么的问题；第三个层次是什么是公共管理中的重要问题[1]。具体如图1-1所示。

1.3 公共管理的基本理论

公共管理是一门综合性的学科，公共管理也是一个整合性的概念，基本上是一种介于企业管理与公共行政之间的“第三条道路”（third Way）。公共管理在“什么”与“为何”层面上沿袭公共行政或公共政策，而在“如何”层面上沿袭企业管理。[2] 但是在借鉴整合其他学科的理论的基础上，公共管理学科中还是出现了一些富有影响力的理论观点。限于篇幅，择其要者简介如下。

1.3.1 官僚制理论

官僚制理论并非公共管理专有的理论，而是由德国社会学家马克斯·韦伯提出来的用于分析组织的一种经典的理论观点。马克斯·韦伯提出的官僚制组织理论奠定了现代组织理论的基础。

官僚制指的是一种权力依职能和职位进行分工和分层、以规则为管理主体的组织体系和管理方式。也就是说，它既是一种组织结构，又是一种管理方式。官僚制组织具有以下基本特征：

（1）专门化。在官僚制组织中，作业是根据工作类型和目的进行划分的，具有很清楚的职责范围。

（2）等级制。官僚制组织中的职位是按照等级排列的。自上而下，每个职位的等级逐渐降低，权力逐渐变小；自下而上，每个职位的等级逐渐升高，权力逐渐增大。上下级之间的职权关系严格按等级划定。

（3）规则化。官僚制组织的运行，包括成员间的活动与关系都受规则限制。

（4）非人格化。在官僚制组织中，组织成员都按严格的法令和规章对待工作和业务交往，人们的行为需要按照制度所规定的程序化、客观性的量化标准来进行。人身依附关系

---

[1] 蓝志勇，凯瑟琳·安德逊．当代公共管理研究的范式观——一项经验研究［J］．公共管理学报，2005（3）：12-22，92-93.

[2] 张成福，党秀云．公共管理学［M］．北京：中国人民大学出版社，2001.

由于内部关系的程序化而弱化了。

(5) 技术化。官僚制组织中的成员凭自己的专业所长、技术能力获得工作机会，享受工资报酬。

(6) 公、私分明化。官僚制的设计把官员与其管理的物资和生产资料完全分开，官员和职员自己不实际占有管理物资和生产物资。实行“职务机关的财富（以及资本）与私人的财富完全分开，以及职务运作场所（办公室）与住所完全分开的原则”[1]。

官僚制理论为我们理解公共组织的组织形态和身处其间的成员的行为提供了恰当的理论视角，但也让一部分学者更加清晰地认识到了官僚制中存在的一些问题。戴维·奥斯本和特德·盖布勒在《改革政府：企业家精神如何改革着公共部门》一书中则直接宣布了“官僚主义制度的破产”。他们认为，官僚制的一个突出的特点就是行动迟缓、效率低下和刻板而且无人情味。[2]

在对官僚制反思和批判的基础上，尤其是公共选择理论试图用经济学的理论和方法研究集体选择，成为了新公共管理的关键性理论基础[3]，为席卷全球的新公共管理运动提供了直接的思想指导。

1.3.2　公共选择理论

公共选择指的是与市场选择相对的公共领域的选择[4]。公共选择就是指人们通过民主决策的政治过程来决定公共物品的需求、供给和产量，是把私人的个人选择转化为集体选择的一种过程（也可以说是一种机制），是利用非市场决策的方式对资源进行配置[5]。“它开创了用经济学的观点来研究政治（即行政）过程，也就是说采用经济学的思维方式来研究政治生活的内容，包括国家理论、党派政治、官僚体制、选举规则、选民行为等等”[6]。

公共选择理论建立在几个关键性的假设之上，首先，最突出的一个假设是方法论个人主义。公共选择理论关注的焦点是个体，假定个体决策者像传统的“经济人”那样是理性的，试图使自己的“效用”最大化。公共选择理论对社会选择的一个基本观点是：所谓社会选择不过是个人选择的集结，只有个人才具有理性分析和思考的能力，个人是基本的分析单位，个人的有目的行动和选择是一切社会选择的起因。公共选择理论这一由个人选择入手分析社会选择的研究路径称之为“方法论上的个人主义”[7]。其次，公共选择关注的焦点是作为公共机构产出的公共物品。公共物品是排他性低、减损性弱的事物。因而这些事物不会由市场进行自发的供给，需要经过公共选择实现供给。最后，以布坎南为代表的公共选择理论家把研究市场失灵的方法运用于国家和公共经济失灵问题，他们认为，只有

---

[1] 魏娜．官僚制的精神与转型时期我国组织模式的塑造［J］．中国人民大学学报，2002（1）：87－92.

[2] 戴维·奥斯本，特德·盖布勒．改革政府：企业家精神如何改革着公共部门［M］．周敦仁，译．上海：上海译文出版社，2006.

[3] 珍妮特·V. 登哈特，罗伯特·B. 登哈特，等．新公共服务：服务，而不是掌舵［M］．方兴，丁煌，译．北京：中国人民大学出版社，2004.

[4] 毛寿龙，李梅，陈幽泓．西方政府的治道变革［M］．北京：中国人民大学出版社，1998.

[5] 宋延清，王选华．公共选择理论文献综述［J］．商业时代，2009，35.

[6] 丹尼尔·缪勒．公共选择［M］．张军，译．上海：上海三联书店，1993.

[7] 阮守武．公共选择理论的方法与研究框架［J］．经济问题探索，2009（11）：1－7.

当事实明显地证明市场解决手段确实比公共干涉解决手段代价更高时，才选择国家，除此之外凡有可能，决策就应该交给个人自己❶。因此，超越于政府和官僚制之外，在市场及公私竞争之中寻找解决公共问题的办法，就成为了新公共管理理论的核心观念。

1.3.3 多中心治理理论❷

基于多中心理论和制度分析与发展框架，公共管理可以用多中心理论模型来分析。多中心理论认为人类社会的治理应当是由多个相互独立的决策中心进行的，多个中心之间以合作或竞争处理彼此之间的关系。❸ 制度分析与发展框架则将生物物理属性、社群属性和制度规则三组变量作为分析影响管理活动的外在变量组，任何治理活动的开展都是在这些外在变量的影响之下进行的❹。一个决策和治理中心，负责该事物的集体决策、提供、融资、生产安排和冲突纠纷解决等。中心的大小取决于相应事物成本收益的覆盖范围，当成本收益在某个规模范围内实现对称时，就将其称为该事物的可打包范围，因而形成中心的安排及其开展的活动就是公共管理的制度安排和公共管理活动。因此，将多中心的公共管理理论框架作为构建公共管理理论体系的核心基础，具体如图 1－2 所示。根据多中心的公共管理理论框架，可以开发设计公共管理理论体系的五大模块。

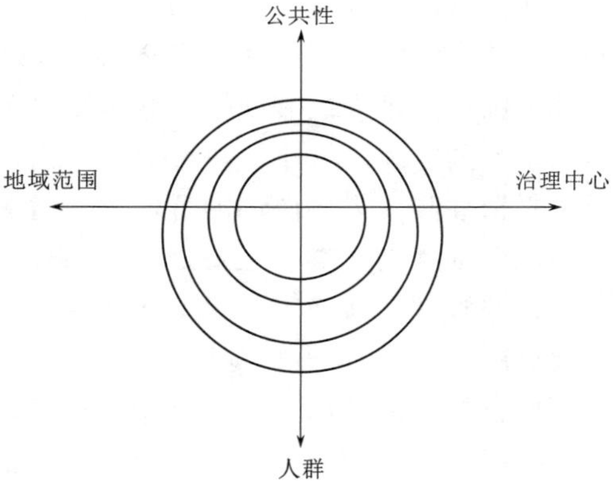

图 1－2 多中心公共管理理论框架

图 1－2 中主要有四个维度构成。第一个维度是公共性，主要是指公共管理所针对的事物也就是客观对象的公共性强弱，随着蛛网图从内向外，意味着相应事物的公共性越来越强。公共性强弱主要表现为影响人群的多少，相应事物的成本收益对称的规模大小。当影响的人群越来越多，公共管理事物的相应成本收益对称的规模越来越大，则意味着该事物的公共性越来越强，反之则是越来越弱。公共管理所处理的事物更具有根本性，因为事物的公共性强弱直接影响了其他三个维度，尤其对制度安排具有决定性的影响。因而，公共管理的研究首当其冲的是研究其所面对的客观对象是什么性质的事物，具有什么样的特点。公共事物是一切公共管理制度安排和活动的逻辑起点❺。从国内关于公共管理研究的论文及出版的教材来看，很多人跳过公共管理所面对的客观对象，而是热衷

❶ 毛寿龙，李梅，陈幽泓．西方政府的治道变革［M］．北京：中国人民大学出版社，1998.

❷ 陈建国．构建多中心的公共管理理论体系［J］．行政科学论坛，2020（1）：28－35.

❸ Ostrom V. Polycentricity［C］//Polycentricity and local public economies：Readings from the workshop in political theory and policy analysis. Ann Arbor：University of Michigan Press，1999.

❹ McGinnis M D. An introduction to IAD and the language of the Ostrom workshop：a simple guide to a complex framework［J］. Policy Studies Journal，2011，39（1）：169－183.

❺ 曾峻．公共管理的逻辑起点论析——公共管理学基本问题研究之一［J］．上海师范大学学报（哲学社会科学版），2003（5）：36－42.

于探讨分析公共组织建设、公共管理的策略和方法等。行政管理学有一个常识性的结论也佐证了这一点。例如，政府和学者在谈到政府机构设置时，最常用的一句话是“定职能、定机构、定编制”，机构的职能也就是机构所要处理的客观问题，所要提供的产品和服务，将定职能放在首位也就是说明了第一个维度的重要性。在图 1－2 中的表现是，第一维度是根本性的，第二和第三个维度都是第一维度在两个不同侧面的体现，都会随着第一个维度的变化而变化。如蛛网图从圆心向外围扩张所示，随着公共管理针对的客观对象，也就是公共事物公共性的增强，其所影响到的地域范围也越来越大，所影响到的人群也会越来越多。因而，其所对应的治理中心也就越来越大，越来越复杂。

第二个维度是地域范围，主要是指公共管理的客观对象所影响的空间范围的大小。地域范围的大小是公共事物公共性强弱在空间范围方面的体现。如图 1－2 所示，随着公共管理活动针对的公共事物公共性的增强，其所影响的地域范围也会逐渐随之扩大。以安全为例，一个家庭的安全问题是公共性很弱的事物，其所影响的仅仅是家庭成员，从空间范围的角度来看也是极其有限的，就农村而言，是一个院落的空间范围，就城市而言，是一个住宅的空间范围。而一个社区的安全问题则是公共性比较强的事物，其所影响的是社区居民群体，从空间范围的角度来看，是以小区的围墙为界限的一个较小的城市空间。依次推理，我们可以看到一个街道的安全、几个街道之间的安全、一个城市的安全、一个国家的安全、几个国家之间的区域安全乃至全球的安全等。这些都是安全问题公共性的增强而在地域范围空间维度的表现。公共事物在第二个维度也就是地域范围方面的表现，就体现了其所影响的空间的大小。一般而言，当一个公共事务影响的地域范围比较大时，其公共性强，复杂性高，需要协调的群体也会增多。

第三个维度是人群，主要是指公共管理的客观对象所影响的人群规模及人群本身社群属性。公共管理是面向人、满足人的需求、解决人所面对的公共问题而开展的活动。因此，人群的大小及其社群属性等也是公共管理研究必须考虑的核心要素。在这里我们可以用人们比较熟悉的外部性这个概念来理解。外部性有强弱之分，而判断强弱的一个非常重要的标准就是所影响的人群规模的大小。当分析一个事物具有较强的外部性时，是指对较大范围的人群带来成本或者收益；当分析一个事物具有较弱的外部性时，是指对较小范围的人群带来成本或者收益。典型的案例就是环境污染，例如，一个村庄的池塘污染了，其所影响的人群就是这个村庄的居民，规模有限。如果一条小河污染了，其所影响的人群主要是小河沿岸的居民，规模中等。如果长江污染了，其所影响的人群规模就是相当大了。如果是跨国界的河流污染了，就会造成国际性的影响。例如，当年松花江污染之所以引起人们的高度重视，就是因为对俄罗斯造成了影响。除了规模之外，人群的社群属性也非常重要。人群有不同的特性，例如年龄、性别、宗教信仰、历史传统等。不同社群属性的人可能会对同样的政策有不同的理解和预期，就有可能采用不同的行为，从而带来不同的政策结果。这些都是公共管理必须要考虑的因素，因为公共管理活动很多都是要针对人出台的政策，需要依靠人去执行落实。因此，公共管理实践要努力实现本土化，扎根到当地的人群中，尊重地方性知识，入乡随俗地开展活动。

第四个维度是治理中心，主要是指针对公共问题，开展公治理或者供给公共产品服务的主体。如图 1－2 所示，多中心治理所指的核心要义就是指针对具有不同公共性、对不同地域范围和人群规模产生影响的事物，应当由多层次的治理组织主体开展相应的决策、提供安排、筹融资、生产安排、评价反馈及解决纠纷冲突等治理活动。多中心治理就是要在多个层面实现治理权利义务及成本收益对称，通过多层次的治理体系实现多样性的公共产品和服务的供给。多中心治理的根本性原因是：

（1）多层次性公共事务的成本收益覆盖范围是不一样的。奥尔森曾提出了“财政对等原则”（fiscal equivalence），表明应当划定供给公共产品或服务的辖区边界，从而使得对潜在用户而言的潜在收益和成本能够内部化[1]。文森特·奥斯特罗姆则将物品的领域（domain）需要和辖区的领域权（territoriality）联系起来、特定的产品需要和辖区的范围联系起来[2]。每个中心都会对与其所代表的群体相关的事物做出独立的治理活动及成本收益配置，而不会出现过多的不公平的再分配及集体惩罚的问题。成本受益的范围，最好是对称的，成本受益对称的单位，最好使其有最终的管理权[3]。由多个中心构成整体治理都是激励正当的，因而从整体而言，这样的治理体系是最富有效率的。多中心是围绕着不同公共性的事物组织的治理主体，而不是围绕着行政级别组织的治理主体。例如，家庭是最基本的治理主体，家庭邻里之间的事物，就需要组成邻里共同体去治理；社区内部的事物则需要社区的业主居民组织作为治理主体；社区之间的事物则可以有社区联合体去治理，以致最后出现了欧盟等区域性乃至联合国等全球性的治理主体。这样就避免了单一僵化的行政性组织与多层次动态的公共事物和问题之间的不协调。

（2）人们对很多事物的需求偏好状态都呈多峰分布状态。由于人的需求偏好是异质性的，呈现多峰分布状态，而非单峰分布状态。将偏好异质的人们纳入到一个治理中心进行治理，如果采用民主决策的方式安排公共事物的治理，就会出现没有一个决策方案能够获得多数人同意的决策困境，或者决策成本大到难以克服的境地。如果采用专断的形式进行决策，那么就会出现牺牲一部分的需求偏好，满足另一部分的需求偏好的悲剧，对被剥夺者而言常常会带来巨大的外部成本[4]。相反，如果允许人自由选择，需求偏好同质性比较强的人们就会类聚到某一中心，从而超越民主决策多数难决的困境，也会避免专断决策导致剥夺一部分人而满足一部分的悲剧。体现在公共管理实践中，就是要充分重视需求偏好表达、民主行政及分权治理的价值。

1.3.4 新公共管理理论

在自由市场经济、公共选择等经济思想的影响下，以管理主义为主要特性的新公共管理运动席卷全球，英国著名公共管理学家、曾任伦敦经济学院院长的胡德（C. Hood）教授特别将新公共管理的特质归纳为：①在公共部门中实施专业化管理，让公共管理者自己

---

[1] Mancur Olson J. The Principle of “Fiscal Equivalence”: The Division of Responsibilities among Different Levels of Government [J]. American Economic Review, 1969, 59 (2): 479-487.

[2] Ostrom, Vincent. Public Choice Theory: A New Approach to Institutional Economics [J]. American Journal of Agricultural Economics, 1975, 57 (5): 844.

[3] 毛寿龙．公共服务的范围与政府层级间关系［C］//北京大学宪法与行政法研究中心，耶鲁大学法学院中国法研究中心，北京大学宪法与行政法研究中心，“中央与地方关系的法治化”国际学术研讨会论文集．2007：11.

[4] Ostrom Vincent, Ostrom Elinor. Public Choice: A Different Approach to the Study of Public Administration [J]. Public Administration Review, 1971, 31 (2): 203-216.

管理并且承担责任；②确立明确的目标，设定绩效测量标准并且进行严格的绩效测量；③特别强调产出控制，对实际成果的重视甚于对过程或程序的关注；④打破公共部门中的本位主义，对部门进行撤分与重组，破除单位与单位之间的藩篱；⑤在公共部门中引入竞争机制，降低管理成本，提高服务质量；⑥强调对私营部门管理方法和风格的吸收和运用；⑦强调对资源的有效利用和开发❶。

尽管人们对新公共管理的核心内容缺乏普遍性的共识，但是作为标志性著作，戴维·奥斯本、特德·盖布勒在《改革政府：企业家精神如何改革着公共部门》一书中总结了作为新公共管理理论的精髓——企业家政府理论的十大原则，这十大原则基本上可以概括新公共管理理论的核心特征。

（1）掌舵而不是划桨：即政府应该集中精力做好决策工作，而把具体的服务性工作承包给私营企业和非营利性机构去做。

（2）妥善授权而非事必躬亲：即政府在公共管理中不应事必躬亲，而要善于授权，应注重发挥被服务对象——公众的主动性，鼓励公众参与管理。

（3）注重引入竞争机制：即政府应通过各种形式引入竞争机制，增强成本意识，提供优质服务，改善行政管理。

（4）注重目标使命而非繁文缛节：即政府应摆脱繁文缛节的束缚，只是简单地界定基本目标和任务，再根据这一目标和任务制定必要的规章和预算，然后就放手让雇员去履行各自的责任。

（5）重产出而非投入：即评估政府各部门的表现及对其进行资助应以其政策效果为依据。

（6）具备“顾客意识”：这里的“顾客”是指政府公共组织的服务对象——公民，政府应重视顾客，其工作的宗旨是满足顾客的需要，而不是官僚政治的需要。

（7）有收益而不收费：即政府不应仅仅靠预算度日，而应具备一种“投资”意识，学会用各种形式集资、赚钱，为回报而投资，变管理者为企业家，变花钱政府为赚钱政府。

（8）重预防而不是治疗：即政府应该着眼于以预防为主，而不是通过事后服务来挽回损失。

（9）重参与协作的分权模式而非层级节制的集权模式：即政府应仿效企业领导者的做法，将集权式的管理权下放。

（10）重市场机制调节而非仅靠行政指令控制：即在公共管理活动中要善于建立市场机制，并充分发挥市场机制的调节作用，注重市场机制和行政机制的有效结合，以市场为依托，提高行政管理的效能❷。

1.3.5　网络治理理论

在面临着权力越来越分散、组织边界越来越不固定、各类问题变得越来越全球化、越

---

❶ C. Hood. A Public management for all Seasons [J] Public Administration，1991，69 (1)：3-19.

❷ 戴维·奥斯本，特德·盖布勒．改革政府：企业家精神如何改革着公共部门 [M]．周敦仁，译．上海：上海译文出版社．

来越地方化的时候，传统的官僚体制根本不能满足需求。既包含高程度的公私合作，又意味着政府对公私合作网络的强管理能力❶。

网络治理理论由美国印第安纳波利斯前市长斯蒂芬·戈德史密斯（Stephen Goldsmith）和德洛特研究所（Deloitte Research）的威廉·埃格斯（William D. Eggers）联合提出。在他们共同的著作《网络化治理：公共部门的新形态》一书中提出，网络治理主要指一种全新的通过公私部门合作，非营利组织、营利公司等广泛参与提供公共服务的治理模式。在这种模式下，政府角色发生了很大变化，从传统的管理人民、控制社会向协调资源转变，行政管理序列变得更为扁平，参与的部门也更为广泛。在传统的官僚体制政府时代，依靠政府占支配地位来提供公共服务，满足公共政策目标。目前的世界，节奏更快，权力更加分散，界限更加模糊。传统的治理模式已经不能满足人们复杂而多变的需求，取而代之的是一种有着根本区别的公共管理模式，即网络治理❷。

总体来看，网络治理具有如下新特质：

（1）治理主体多元化。公共事务的治理主体包括政府、市场主体、第三部门等其他社会公共行动者。彼此之间通过网络结构链接在一起。

（2）治理结构的扁平化。在网络治理中，政府与其他治理主体互动之中平等的、合作的伙伴关系替代了上令下行的“命令服从”关系。

（3）治理方法的丰富化。作为网络结构的构成部分，不同主体之间通过多种关系链接在一起，朝向一个共同的目标合作努力。公共服务民营化的所有机制和办法都可以用来链接网络❸。民营化大师萨瓦斯在《民营化与公私部门的伙伴关系》中将民营化的机制和办法分为三大类：委托授权、政府撤资和政府淡出。委托授权包括合同外包、特许经营、补助、凭单、法令委托。政府撤资包括出售、无偿赠予、清算。政府淡出包括民间补缺、政府撤退、放松规制❹。

1.4 公共管理的学科体系和方法

1.4.1 公共管理的学科体系

公共管理学源于美国，由于具有较强的自主性，因此美国各个高校公共管理专业的设置不尽相同。我国的学科统一由教育部管理，因此我国公共管理的学科体系相对比较整齐划一。1996 年公布的我国管理学门类公共管理一级学科下设行政管理、社会保障、教育经济与管理、社会医学与卫生事业管理、土地资源管理五个二级学科或专业。在本科专业目录中则是行政管理、劳动与社会保障、土地管理、公共事务管理四个二级学科。当然，也有一些大学根据自身特色，可以申请自主设置二级学科。例如，北京大学在公共管理一

❶ 斯蒂芬·戈德史密斯，威廉·D. 埃格斯．网络化治理：公共部门的新形态［M］．孙迎春，译．北京：北京大学出版社，2008.

❷ 诸大建，李中政．网络治理视角下的公共服务整合初探［J］．中国行政管理，2007（8）：34－36.

❸ 谭英俊．网络治理：21 世纪公共管理发展的新战略［J］．理论探讨，2009（006）：139－142.

❹ E. S. 萨瓦斯．民营化与公私部门的伙伴关系［M］．周志忍，译．北京：中国人民大学出版社，2002.

级学科下自主设立了公共政策和发展管理二级学科。中国人民大学在公共管理一级学科下自主设立了公共财政与公共政策、公共组织与人力资源等二级学科。中国农业大学在公共管理一级学科下自主设立了农村发展与管理二级学科。据统计，全国共有 75 所高校在公共管理一级学科下自主设立了二级学科。

根据大学的本科培养方案，可以进一步理解公共管理二级学科的基本情况，并分析来自几所国内有影响力的大学公共管理学院对各个专业的本科培养方案。

行政管理专业主要培养拥有较高的理论素养及实践技能的行政管理、人事行政、高级行政文秘、政策法规分析以及非营利组织管理等领域的公共管理专门人才，适合本专业毕业生的工作领域为：党和国家机关、企事业单位、非营利组织等（资料来源：中国人民大学公共管理学院本科培养方案）。

劳动与社会保障专业是教育部公布的学科目录中公共管理学一级学科下设的二级学科，学生毕业授予管理学学士学位。劳动与社会保障专业培养具有良好思想道德修养，具有公共意识、公共精神和公共责任，掌握扎实的劳动与社会保障专业基础理论、基本知识和基本技能，具有用现代管理理论指导管理实务的能力，具备良好的科学与人文素养以及创新能力，能够在政府部门、企业事业单位与社会组织从事劳动就业、人力资源管理、社会保障与商业性保险运作与管理的实用复合型人才（资料来源：福建师范大学公共管理学院本科培养方案）。

教育经济与管理是一门新兴的边缘学科与交叉学科，属于社会学科范畴，是公共管理一级学科下的五个二级学科之一，主要是运用教育学、经济学与管理学的理论和方法，研究教育与经济的相互关系及其变化的发展规律，研究教育领域中经济投入和产出规律、教育事业的发展，以及研究教育发展中的管理规律的学科（资料来源：北京师范大学本科培养方案）。

社会医学与卫生事业管理是公共管理的二级学科之一，包括社会医学、卫生事业管理学、卫生经济学、医疗保险学、公共卫生政策、卫生法学、医院管理等分支学科。以社会、社区及其卫生机构、人员为主要研究对象，将社会科学、管理科学的理论和方法应用于卫生事业管理学领域，力图揭示社会、文化、经济等因素对群体健康的影响，采取社会措施来防治疾病，促进卫生事业的发展与改革，提高卫生事业的效率和效益。其最终目的在于提高人民的健康水平和生活质量，促进社会经济的发展（资料来源：复旦大学本科培养方案）。

土地资源管理专业主要培养具有深厚经济与管理理论基础及扎实专业知识，能在各级政府及土地、规划、建设、房地产管理等相关职能部门、房地产开发与经营企业、房地产金融机构及教学科研单位，从事行政管理、企业运作及科学研究的复合型专门人才（资料来源：中国人民大学公共管理学院本科培养方案）。

城市管理专业主要为中央和各级城市政府部门、大型国有企事业单位培养具有国际视野和扎实的理论基础、掌握公共管理相关专业知识、熟悉城市公共事务发展规划与管理的综合应用型人才。适合本专业毕业生的工作领域为中央和大中城市的行政机关、企事业单位、科学研究部门、政府与企业的决策咨询机构和城乡社区（资料来源：中国人民大学公共管理学院本科培养方案）。

对于这一学科体系的设置，学者们也有不同的看法。例如，董克用教授认为在教学实践中，教师们也感到上述专业目录没有能全面准确地覆盖公共管理领域。他建议公共管理的教学与研究应当包括两大部分：一是研究公共管理实施主体及其运行机制的部分，简称“基础模块”；二是研究公共管理具体职能的部分，简称“职能模块”。基础模块包括行政管理、非营利组织、公共政策、公共财政、公共人力资源；职能模块包括经济发展领域、社会发展领域、公共卫生与医疗领域、公共安全领域、公共资源领域，包括土地、水资源、环境能源等。基于此，他认为公共管理一级学科研究生教育可以按照上述领域设置十个二级学科，即行政管理、非营利组织、公共政策、公共财政、公共人力资源管理、国民经济管理、社会发展管理、公共卫生与医疗管理、公共安全管理、公共资源管理❶。

1.4.2 研究途径和学习方法

1. 研究途径

公共管理学属于社会科学，因而其研究途径也和社会科学的途径大体一致，但也有规范主义和实证主义之分。然而人们对公共管理学研究途径的认知也是不一致的，沃尔多等人认为公共管理的研究应当遵从规范主义的路径，西蒙等人认为公共管理研究应当遵从实证主义的路径。

规范主义路径主要强调的是事实，探寻的是应该怎么做的问题。沃尔多认为物理学的问题普遍地表现为“是什么”的问题，公共管理的问题则普遍地表现为“应该做什么”的问题。作为一门社会科学，公共管理的基本关注点是人类，而人的典型特征是思考（thinking）和估价（valuing）❷。因此，公共管理的研究方法应当是推理、演绎，研究可以是描述性的（descriptive）、对策性的（prescriptive）和规范性的（normative）。

实证主义路径主要强调的是事实，探寻的是什么和怎么样的问题。这一路径深受行为主义和经济学研究的影响。实证主义认为公共管理理论的构建必须是归纳式的（inductive）、建立在价值中立的基础上、经过理性推导、经过验证的假设的命题。因而，定量研究是唯一的、也是最好的探寻真理和现实的研究方法❸。

除上述两个路径之外，还有一部分学者认为公共管理既是科学也是艺术，因而其研究路径应当是多元主义的。在他们看来，公共管理研究既可以采用逻辑实证主义，也可以采用规范性分析，还可以采用现实主义（realism）、相对主义（relativism）、理性主义（rationalism）、后现代主义（postmodernism）甚至还原论（reductionism）。

公共管理研究路径的分歧主要根源于对公共管理这个学科的理解和定位。一种理解和定位认为公共管理是管理，另一种理解和定位认为公共管理是政治。管理定位认为公共管理追求的是事实，因而采用科学的路径，属于逻辑实证主义。政治定位认为公共管理追求

❶ 董克用．关于公共管理学科体系与专业设置的思考［J］．中国行政管理，2005（11）：54－56.

❷ Dwight Waldo. The Administrative State Revisited［J］. Public Administration Review 25，1965：13.

❸ Norma M. Riccucci. The Criteria of Action［C］//David H. Rosenbloom，Howard E. McCurdy（ed.）. Revisiting Waldo's Administrative State：Constancy and Change in Public Administration. Washington D. C：Georgetown University Press，2007.

的是价值，因而采用艺术的路径，属于形而上学。公共管理研究路径如图 1 - 3 所示。

2. 学习方法

公共管理的学科性质决定了公共管理的学习方法必然是要兼顾理论学习与实践导向两个方面。

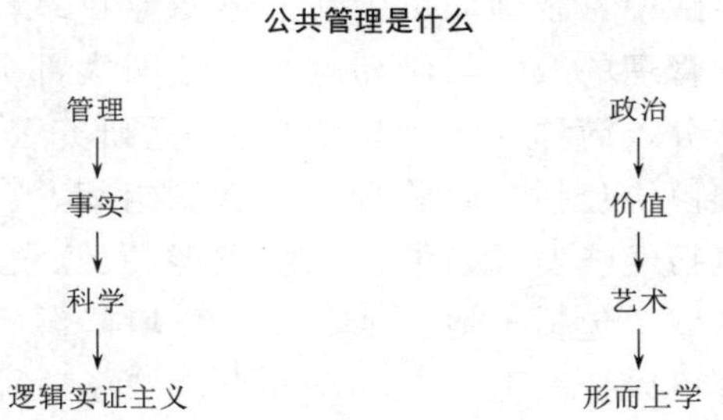

图 1 - 3　公共管理研究路径[1]

(1) 学习公共管理要坚持理论学习。公共管理与众多的理论关系密切。从学科的角度而言，公共管理源于政治学，因此与政治学的理论有着密切的关系。随着公共管理的发展，尤其是新公共管理运动，公共管理又和经济学产生了紧密的关系，尤其是自由经济思想、公共选择理论等。因此学习公共管理要大量地学习政治学、经济学、社会学乃至法学等学科领域的理论知识。

(2) 学习公共管理要坚持实践导向。公共管理是一门实践导向的学科，与社会实践之间有着密切的关系。公共管理的学习和研究要坚持问题解决的实践导向。因此观察实践、调查实践乃至参与实践，都是公共管理学习必不可少的方法。观察实践，意味着公共管理的学习者要保持对社会实践问题的敏感性，能够经常性地理论联系实际思考公共管理问题。调查实践意味着，针对某个感兴趣的问题，可以设计相应的调查工具，深入社会实践开展系统性的调查研究，用所学理论知识指导调查，用实证调查数据验证所学的理论知识。

1.5　本章小结与典型案例分析

1.5.1　本章小结

人们普遍地认为公共管理学由公共行政学发展而来，而公共行政学则源于政治学。公共行政学主要是在科层体制的内部建设中追求效率，甚至将效率等同于组织建设。这在一定程度上表现为各种行政谚语的流行。西蒙等对行政谚语的批评导致了行政学的范式危机。新公共管理运动则将效率从组织的束缚中解放了出来，从广义成本收益的角度考虑效率的实现途径。这样就为公共管理活动打开了广阔的天地，凡是在成本收益比方面有优势的制度安排都可以是实现公共管理的工具。因此，民营化、非营利化及不同程度的公私合作关系等都可以被引入实现政府职能的范畴之内。这一实践的发展反映在学科发展中，就体现为公共管理研究对象的拓展、学科体系从原来的行政管理扩展到包括行政管理、社会保障、教育经济与管理、社会医学与卫生事业管理、土地资源管理 5 个二级学科。最近出于应对疫情常态化治理需要，国务院学位委员会公共管理学科评议组又讨论在公共管理一

---

[1] Norma M. Riccucci. The Criteria of Action [C] //David H. Rosenbloom, Howard E. McCurdy (ed.). Revisiting Waldo's Administrative State: Constancy and Change in Public Administration. Washington D. C: Georgetown University Press, 2007.

级学科下增设应急管理二级学科。诸如北京大学、武汉大学等国内在公共管理专业中居于前列的高校，已经开始招收应急管理专业的研究生。至此，公共管理一级学科就由原来下设的5个二级学科增加至6个二级学科。公共管理学是一门既强调实践导向，又注重价值规范的学科，这一点在研究途径中就表现为规范主义路径和实证主义路径二元并存的局面。

1.5.2 典型案例分析

案例一

“单个人问题”检验政府效能

（黎明）

毛寿龙先生是中国人民大学行政管理学系主任、行政管理学研究所所长、教授、博士生导师。作为搜狐嘉宾，10月10日下午对网友讲了许多，访谈的主题是“政府要管公共问题而不要管单个人问题”。

没有人认为政府不要管公共问题，“政府要管公共问题”，不是学问，而是废话。

“政府不要管单个人的问题”，这对吗？不对。政府对每个“单个人”负责，它的执政行为涉及每个国民，并让国民感受到它的正面存在价值，这个政府才称得上“管理公共事务”，才是个“公共政府”。

“为人民服务”一直喊得山响，过去的习惯却是只承认“人民”，不承认“单个人”。“我是为人民服务的，不是为你服务的，因为你不是人民”——这一“执政理念”和“服务理念”曾经大行其道，结果是政府系统和所有社会功能单位都可以理直气壮地拒绝为具体人服务。“文革”中是“为人民服务”喊得最响的时候，却正是人民权利、权益失落最多的时候，是“人民政府”的“服务”最不为人民的时候。

没有具体，也就失却抽象；没有“微观”，则无“宏观”；没有局部，就没有全局。政府不管单个国民，也就是没管“公共问题”。单个人的权利集合，即国民权利；单个人问题的集合、汇总，即“公共问题”。“不管单个人问题”，铁定是“没管公共问题”。

政府管不管公共问题，从具体的一个人一个人的问题上见。政府就是为避免“单个人”的冤屈，为保障“单个人”的权利设立和运行的，历史事实已经证明，抽象地强调为国家、为社会、为公共，这种抽象强调的危害是很具体的。

“单个人”应该对政府具有“最终检验权”，不必要求他们根据“专业标准”。实际上，只要每个“单个人”的检验权得以落实，那个检验标准即包括了各方面、高质量的“专业标准”。毛教授所说的评价政府的标准有三个（老百姓满意不满意，行政考核满意不满意，另外有一个专业标准）。这里我要指出：“单个人”的标准，是监督、检验“行政标准”和“专业标准”的标准。

每个“单个人”挺直腰杆对政府主张个人的权利；每个“单个人”有权监督政府并能有效制止公权对个人权利的侵犯；每个“单个人”都有权以自身的视角、按自己的标准审视政府的执政心态和运作效能——有了这种制度及其制度规定出的环境，“和谐社会”才具备起码的“建筑要素”和“社会特征”。这种情况一旦实现，诸如政府职能问题，管什么或不管什么的问题，评价管得好还是管不好的问题，全都迎刃而解，也就不至于劳动大批精英挖空心思絮絮叨叨了。

（资料来源：《南方周末》2006 年 10 月 19 日）

案例二

政府为什么要管公共问题

（毛寿龙）

最近，有家网站约我谈和谐社会及其相关政策选择的问题。一个小时时间，主持人问了很多问题，我说话语速快，好在速记员速度也很快，都记录下来了，一个小时说了15000 多字。里面说了很多问题，其中一个问题引起了大家的关注，也引起一些人的批评，批评文章还发表在了《南方周末》上，可见大家之关心。这个问题是：政府为什么要管公共问题，而不管单个人的问题。

一个问题引起了质疑，就是一个进一步澄清的好机会。

一个问题会引起多方面的歧义，也可以说是一个比较好的问题，是一个有价值的问题。

实际上，政府要管公共问题，而不管单个人的问题，是一个通俗的说法，而不是严格的学术意义上的说法。从学术来讲，根据不同的理论，它往往表现为不同的语言。也正是因为如此，这个问题实际上可以用来验证一些分析框架和理论，看看什么样的分析框架可以给我们新的知识。

从经济学物品理论角度来看，政府要管公共问题，而不管单个人的问题，它说的意思就是政府要提供公益物品，而不要去管私益物品，后者可以交给市场。当然，这只是规范理论的简化。从政策角度来看，公益物品是有一定范围的，小范围的公益物品，是可以通过小范围的管理单位自主治理的，如村和城市小区，是可以通过自主治理提供保洁、治安等公共服务的。每一级政府也可以承担自己的公益物品。而私人和市场，也未必不可以介入公益物品的融资。至于私益物品，最好通过市场融资供给以及提供。而且市场的广度和深度往往决定资源配置的质量。如果政府干预，就会导致资源配置扭曲。如果政府包下来，就像计划经济那样，会导致经济不发展。这个理论现在是老生常谈了，但对计划经济国家来说，却具有划时代的意义。它可以说是中国经济的发展、中国政府职能转变的基本指导理论，也是当前中国经济社会发展、政府职能转变进一步推动的理论依据。

从事实和价值两分的角度来看，政府要管公共问题，而不管单个人的问题，是一种价值判断，而不是事实陈述。从事实上看，古代的政府一般不管今天人们所说的很多公共问题，因为这些政府一般都是统治性的政府，古代的统治者更关心自己的统治和地盘扩张。而对现代国家来说，除非是极权的法西斯主义国家，把所有问题都通吃了，但一般国家也并不是把所有的公共问题都管了。从事实角度来看，不同国家政府的职能是很不一样的。但并不意味着说，某个国家的职能范围就是正确的。

我们需要在事实判断的基础上，进行价值判断。而政府要管公共问题，而不是管单个人的问题，则需要一定的理论分析来判断。经济学的物品理论以及相关的政策分析理论，就是一个这样的理论。

当然，规范的理论需要有实证研究来证明。从实证理论角度来看，我们每一个人都面临多种多样的问题。

有些问题具有私人性质，有些问题具有公共性质。我去一个地方，很难找，最后通过千辛万苦，终于找到了。其他人去找这个地方，有的很容易就找到了，有的也像我一样，通过千辛万苦找到了。这时政府可以做两个事情：一是一次次地派人引导单个人找到那个地方。另外一个选择是标好路标。显然，政府都可以这样做。但我们说，前者是政府解决了单个人的问题，而后者是公共问题。政府选择了前者，是用私人的方法来解决单个人的问题，显然是费力，不经济；如果选择了后者，则是通过公共的方法解决了公共问题。这样的分析是实证的思路。

根据这一分析思路，我们还可以说，单个人如何消费，政府不要管，但每个人的消费选择权，政府是要保护的。单个人的健身锻炼，政府不要管，但是公共体育设施，政府要规划。单个人的行动不要管，但政府要保护每一个人人身自由权利，任何人不得限制。这样做不见得是事实，但我们说，这样做，政府可以用有限的资源，把问题解决得更好。

在访谈中，我说“政府要管公共问题，而不要管单个人的问题”，只是想说一个道理，这个道理就是政府职能应该是有限的，不应该是无限的。任何个人的问题，都有个人性和公共性两个方面。

政府要管公共性的方面，而不要去干涉个人性的方面。

它不仅不是否定以人为本，而且是以人为本的。因为它的出发点是个人，目标也是个人，人是目的。政府解决公共问题的绩效是否好，最终的判断，还是每一个人的判断。政府做了路标，还是很多人找不到路，说明政府没有做好这个路标。如果大家都轻易找到了，说明政府工作很有成效。这与政府要管公共问题，而不要管单个人的问题，完全是兼容的。

（资料来源：光明网 2006 年 11 月 18 日）

案例三

为什么政府要管公共问题

（李文钊）

中国人民大学毛寿龙教授在对和谐社会的解读中，提出了“政府要管公共问题而不要管单个人问题”的观点。

这一观点遭受到了黎明先生的质疑，他在 19 日《南方周末》上发表了“‘单个人问题’检验政府效能”，其核心观点是说政府要管公共问题是废话，而说政府不要管单个人问题是不对的，并以公共问题最终是由单个人问题组成，以及抽象追求公共所导致的悲剧为由，对自己的观点进行了论证。

不过，令人遗憾的是，他的论证虽然有一些真知灼见，但是整个论证过程却是缺乏逻辑的。根据最基本的逻辑学原理，“政府要管公共问题”与“不要管单个人问题”是同一个命题的不同表达方式，要么我们同时接受这两个命题，要么我们同时否定这两个命题，不可能我们既承认“政府要管公共问题”，又否认“政府不要管单个人问题”，即我们不能够同时承认“政府要管公共问题”与“政府要管单个人问题”这两个论述。

政府要管公共问题而不要管单个人问题，这一论断看似简单，实则十分深奥。从某种程度上来说，很多政治哲学家，经济学家和法学家都在研究这一在黎明先生看来“不是学术”的问题。政府要管公共问题，确实不是学术，每个人都能够说，但什么是“公共问题”，就不是每个人都能够回答的问题了。“公共问题”与“单个人问题”之间的差异是什么，更是学术性问题了。

其实，在有关什么是“公共问题”的理解之上，我们通常存在两种误解和极端。一种误解和极端是将“公共问题”等同于某种“抽象性问题”，或者直接将之归结为某种“抽象性公共利益”，通过以“公共”的名义损害个人利益和个人权利，这正是黎明先生反对政府要管公共问题的一种理由。还有另一种误解和极端是将“公共问题”直接等同于“单个人问题”，甚至否定“公共问题”本身的存在性，认为解决了“单个人问题”就解决了“公共问题”，这种误解和极端正是黎明先生所犯下的错误。

事实上，毛寿龙教授提出“政府要管公共问题而不要管单个人问题”，正是要避免这两种极端，试图将公共问题和单个人问题区分开，并将公共问题建立在个人基础之上。要达到这一目的，那么我们只能够从“否定性”的角度去定义政府职能，即政府应该尽量避免“恶”的发生，尽量为每一个人的发展提供良好的发展环境；而不是从“肯定性”的角度去定义政府职能，即政府应该尽量去满足每个人的要求，提高每个公民的福利，以致解决公民个人的问题。

从“否定性”的角度去理解政府职能，会强调政府致力于“公共问题”的解决；从“肯定性”的角度去理解政府职能，会强调政府致力于“单个人问题”的解决。但是“单个人问题”的解决最终需要所有人来承担成本和付出代价，每个人看似从政府中获得了许多，并且都试图让政府来帮助解决个人问题，放弃个人的责任和义务，放弃个人的道德和追求，结果每个人的“单个人问题”不仅没有能够解决，而且还创造了更多的“单个人问题”，无论是个人，还是整个社会都需要为此承担很大的损失。

因此，认为政府应该致力于解决“单个人问题”，“单个人问题”检验政府效能，是一种比较“时髦”和“鼓舞人心”的口号。但是它同追求“抽象性公共利益”一样，同样会给整个社会带来悲剧。

区分“单个人问题”和“公共问题”，单个人问题让私人自己解决，公共问题让政府来解决，甚至鼓励私人自己来解决一些“公共问题”，这大概是毛寿龙教授所倡导“政府要管公共问题而不要管单个人问题”的含义吧。

（资料来源：《新京报》2006年10月21日）

思 考 题

（1）政府应该管理是个人问题吗？原因是什么？

（2）政府只需要管理公共问题吗？原因是什么？

（3）公共问题与个人问题的区别表现在哪里？举例说明。

进一步学习导引

1. 推荐阅读

（1）《西方政府的治道变革》（毛寿龙，李梅，陈幽泓）。

（2）《有限政府的经济分析》（毛寿龙，李梅）。

（3）《政府为什么干预经济》（斯蒂格利茨）。

（4）《改革政府：企业家精神如何改革着公共部门》（戴维·奥斯本，特德·盖布勒）。

（5）《多中心体制与地方公共经济》（麦金尼斯）。

（6）《美国公共行政的思想危机》（文森特·奥斯特罗姆）。

（7）《公共事物的治理之道：集体行动制度的演进》（埃莉诺·奥斯特罗姆）。

（8）《多中心治道与发展》（迈克尔·麦金尼斯）。

（9）《公共服务的制度建构》（奥斯特罗姆）。

（10）《暴力与社会秩序》（道格拉斯·C. 诺思，约翰·约瑟夫·瓦利斯，巴里·R. 温格斯特）。

（11）《公共选择理论》（丹尼斯 C. 缪勒）。

（12）《历史的终结及最后之人》（弗朗西斯·福山）。

（13）《政治秩序与政治衰败：从工业革命到民主全球化》（弗朗西斯·福山）。

（14）《行政伦理学手册（第 2 版）》（特里·L. 库珀）。

（15）《政府绩效管理：创建政府改革的持续动力机制》（唐纳德·P. 莫伊尼汗）。

（16）《公共财政管理：分析与应用（第 9 版）》（约翰·L. 米克塞尔）。

（17）《理解治理：政策网络、治理、反思与问责》（R. A. W. 罗兹）。

（18）《政策分析八步法（第 3 版）》（尤金·巴达克）。

（19）《公共行政学经典（第 7 版·中国版）》（杰伊·M. 沙夫里茨，艾伯特·C. 海德）。

（20）《议程、备选方案与公共政策（第 2 版·中文修订版）》（约翰·W. 金登）。

（21）《公共行政与公共事务（第 10 版·中文修订版）》（尼古拉斯·亨利）。

（22）《官僚制内幕（中文修订版）》（安东尼·唐斯）。

（23）《民营化与公私部门的伙伴关系（中文修订版）》（E. S. 萨瓦斯）。

（24）《公共行政的语言：官僚制、现代性和后现代性（中文修订版）》（戴维·约翰·法默尔）。

（25）《公共政策分析案例（第 2 版）》（乔治·M. 格斯，保罗·G. 法纳姆）。

（26）《城市管理学：美国视角（第 6 版·中文修订版）》（戴维·R. 摩根）。

（27）《公共部门绩效评估》（西奥多·H. 波伊斯特）。

（28）《公共部门战略管理》（保罗·C. 纳特，罗伯特·W. 巴可夫）。

（29）《公共危机与应急管理概论》（迈克尔·K. 林德尔）。

（30）《公共行政的合法性——一种话语分析》（O. C. 麦克斯怀特）。

(31)《新公共服务：服务，而不是掌舵（第 3 版）》(珍妮特・V. 登哈特，罗伯特・B. 登哈特)。

(32)《案例教学指南》(小劳伦斯・E. 林恩)。

(33)《公共管理导论（第 4 版）》(欧文・E. 休斯)。

(34)《组织领导学（第 7 版）》(加里・尤克尔)。

(35)《比较公共行政导论：官僚政治视角（第 6 版）》(B. 盖伊・彼得斯)。

(36)《制度分析：理论与争议（第 2 版）》(河连燮)。

(37)《公共行政中的价值观与美德：比较研究视角》(米歇尔・S. 德・弗里斯)。

(38)《公共管理研究方法（第 5 版）》(伊丽莎白森・奥沙利文)。

(39)《预算过程中的新政治（第 5 版）》(阿伦・威尔达夫斯基)。

(40)《公共服务中的情绪劳动》(玛丽・E. 盖伊，梅雷迪思・A. 纽曼)。

(41)《民治政府：美国政府与政治（第 23 版・中国版）》(戴维・B. 马格莱比)。

(42)《公共部门人力资源管理：系统与战略（第 6 版）》(唐纳德・E. 克林纳)。

(43)《官僚经验：后现代主义的挑战（第 5 版）》(拉尔夫・P. 赫梅尔)。

(44)《领导学》(詹姆斯・麦格雷戈・伯恩斯)。

(45)《公共政策分析：理论与实践（第 4 版）》(戴维・L. 韦默)。

(46)《政治学（第 3 版）》(安德鲁・海伍德)。

(47)《无缝隙政府：公共部门再造指南（中文修订版）》(拉塞尔・M. 林登)。

(48)《公民治理：引领 21 世纪的美国社区（中文修订版）》(理查德・C. 博克斯)。

(49)《政府未来的治理模式（中文修订版）》(B. 盖伊・彼得斯)。

(50)《公共行政的精神（中文修订版）》(H. 乔治・弗雷德里克森)。

(51)《非营利组织管理》(詹姆斯・P. 盖拉特)。

(52)《公共行政学新论：行政过程的政治（第 2 版）》(詹姆斯・W. 费斯勒)。

(53)《后现代公共行政：话语指向（中文修订版）》(查尔斯・J. 福克斯)。

(54)《领导学：理论与实践（第 5 版）》(彼得・G. 诺斯豪斯)。

(55)《公共政策分析导论（第 4 版）》(威廉・N. 邓恩)。

(56)《公共行政导论（第 6 版）》(杰伊・M. 沙夫里茨)。

(57)《公共组织理论（第 5 版）》(罗伯特・B. 登哈特)。

(58)《理解公共政策（第 12 版）》(托马斯・R. 戴伊)。

(59)《公共决策中的公民参与》(约翰・克莱顿・托马斯)。

(60)《公用事业管理：面对 21 世纪的挑战》(戴维・E. 麦克纳博)。

(61)《行政伦理学：实现行政责任的途径（第 5 版）》(特里・L. 库珀)。

(62)《公共部门人力资源管理（第 2 版）》(埃文・M. 伯曼)。

(63)《公共管理的技巧（第 9 版）》(乔治・伯克利)。

(64)《行政学（新版）》(西尾胜)。

(65)《公共行政学：管理、政治和法律的途径（第 5 版）》(戴维・H・罗森布鲁姆)。

(66)《公共管理的政治经济学》(穆雷・霍恩)。

(67)《民主、官僚制与公共选择：政治科学中的经济学阐释》(帕特里克・敦利威)。

(68)《官僚制与公共经济学》(威廉姆·A. 尼斯坎南)。

(69)《现代公共经济学》(拉本德拉·贾)。

(70)《公共部门管理》(诺曼·弗林)。

2. 主要课程

根据全国公共管理专业学位研究生教育指导委员会制定的《公共管理硕士专业学位研究生指导性培养方案》,我们知道公共管理专业硕士(MPA)的“核心课程目录”共列13门课,其中,“中国特色社会主义理论与实践研究”“外国语”和“学术规范和论文写作”为学位教育必设课程;“公共管理”“公共政策分析”和“社会研究方法”是本专业必设核心课程;其他核心课程包括公共政策分析、政治学、公共经济学、宪法与行政法、社会组织管理、电子政务、公文写作等。

3. 网站资源(排名不分先后)

(1) 全国公共管理专业学位研究生教育指导委员会:http://www.mpa.org.cn/

(2) 中国行政管理学会:http://www.cpasonline.org.cn/gb/

(3) 美国公共行政学会:https://www.aspanet.org/

(4) 香港公共行政学会:https://www.hkpaa.org.hk/

(5) 印第安纳大学 Ostrom 研究中心:https://ostromworkshop.indiana.edu/home.php

(6) 国际公共事物(commons)研究会:https://www.iacdglobal.org/

(7) 公共事物数字图书馆:http://dlc.dlib.indiana.edu/dlc/

第 2 章

行政管理学概论

行政管理学又称公共行政学、行政学、公共事务管理学等。从起源看，一般认为行政管理学是政治学的一个分支。早期的行政管理学虽然从一开始就强调行政执行的特殊意义，但其涉及的研究主要是理论上的，不是技术的、过程的，也与实际运作无关，并且在遇到一些实际问题时，相关学者都是将两者放在一起进行讨论研究。因此，行政管理学在早期做有关公共行政的研究时，其政治理论倾向是比较明显的。这种历史的渊源以及行政管理学的国家公共行政的属性，决定了它与政治学学科的必然和内在联系，以至于有人认为，从基础学科的角度来划分，行政管理学就是政治学的一个分支学科[1]。

2.1 行政管理学的学科定位及发展现状

2.1.1 行政管理学的学科定位

行政管理学的研究领域广泛，内容丰富，综合性和动态性较强。是一门理论与实践相结合的相对独立的学科。

1. 对行政管理和行政管理学概念的理解

行政管理这个词对我国来说是个舶来品，最初起源于美国，是威尔逊、古德诺从政治学中划分而来，代表作品有《行政学之研究》和《政治与行政》，其中古德诺在他的《政治与行政》中率先系统阐述了政治与行政分离理论，认为政治是国家意志的表达，行政是国家意志的执行，行政不应受政治权宜措施及政党因素的影响。

国内学者对行政管理都有不同的理解，其中夏书章先生指出行政管理是指国家各级政府部门在执行法定职能和解决其具体运作的过程中，对于所经历的程序、环节以及所处理的事项和解决的问题等一系列管理的活动[2]。也有学者认为，行政管理就是行政，即认为行政管理是指国家组织对国家事务和社会公共事务的各项行政活动。

因此，可以很自然地总结概括出行政管理学的概念：行政管理学就是研究国家行政机构的设置及其运转规律的科学。具体地说，就是以有效地管理国家事务、为社会提供优质

---

[1] 郭小聪，陈瑞莲，蔡立辉．中国当代行政管理学课程体系与教学内容改革分析［J］．中山大学学报（社会科学版），2003（4）：97－103，127－128.

[2] 夏书章．行政管理学［M］．3版．广州：中山大学出版社，2003.

服务为目的，以系统地研究行政管理组织原则和活动规律为内容的一门科学❶。

2. 行政管理学的研究对象

行政管理学的研究对象是国家行政管理活动，以及组织、领导、决策、人事、财务、监督等各种要素在行政管理中的作用及其相互关系。简单来说，研究主体就是行政机关，在我国即中央人民政府和地方各级人民政府；研究客体是国家事务、社会事务和行政机关的内部事务；研究目的在于探讨行政工作运行的客观规律，实现行政管理的科学化、规范化、法律化，进而推动行政目标的圆满完成❷。

我国的行政管理学是以马克思主义为指导，研究在中国特色社会主义市场经济条件下国家运行的行政管理规律和方法❸。该学科在密切关注西方公共管理理论发展的同时，还根据我国政治和经济发展的实际情况，将行政管理本土化，解决我国在改革发展中所面临的实际问题。

3. 行政管理学的学科特点

行政管理学作为一门独立的系统学科，有着自身发展的规律，也有着自己鲜明的特点：

（1）综合性。行政管理学是一门综合性很强的学科。由于政府在行政管理过程中所涉及对象和相关事务的广泛性和复杂性，这就要求行政管理学必须研究各个方面的管理问题。因此，行政管理学者必须掌握相关学科的知识点，例如管理学、经济学、政治学、社会学、心理学等。

（2）应用性。较强的应用性，也是行政管理学学科的特点之一。人们如何在工作中将已学的相关理论应用其中是每一个行政管理工作者必须面对的问题。行政管理学的相关理论与实际工作的结合十分紧密，因此，我们必须在这个过程中学会发现问题，解决问题。否则，我们学习的行政管理学将失去意义。

（3）技术性。就如我们前面所说，行政管理学是一门交叉性和实践性都很强的学科，在研究和解决行政问题的时候，它有其方法、工具和手段。因此，我们在面对工作中的行政问题时，不但要有正确的概念、方向和理论指导，而且还要有科学、先进的方法和技术。

（4）政治性。行政管理学最开始就是从行政学分离出来的，是社会经济和政治发展到一定阶段的产物，并最终是为了维护阶级统治而存在的。因此，鲜明的政治性是行政管理自始至终都具有的特征，它不会随着时代的变化而改变。

（5）发展性。发展性也是行政管理学的重要特征，它强调自身的不断创新与进步。国家和行政从来都是人类社会发展的产物，是随着时代不断变化的。因此，作为研究国家行政现象的行政管理学也应与时俱进，不断适应国家行政的发展。我们可以从行政管理学发展的历史长河中看到：新的理论和方法总是层出不穷，它们相互交流，取长补短，正因为

---

❶ 李对．中国行政管理科学的发展：问题与选择（7）[J]．中国行政管理，1996（11）：20.

❷ 沈开举．当代中国行政组织法的发展与反思 [J]．学习论坛，2011，27（9）：67－71.

❸ 郭济．贯彻“三个代表”要求　发展行政管理科学——有中国特色社会主义行政管理学建设的回顾与展望 [J]．中国行政管理，2002（11）：3－5.

这样，行政管理学才会经久不衰，在各个学科领域有着举足轻重的地位。

2.1.2　行政管理学的发展现状

2.1.2.1　国外行政管理学发展现状

1. *研究领域不断扩大*

从“纯行政”的研究扩展到对行政环境的研究；从一般行政研究扩展到专业行政的研究；从政治与行政的分离研究扩展到政治与行政相互渗透的整体研究❶。具体表现如下：

早期行政管理学的研究范围是与政治完全独立的“纯行政”领域。但近几十年以来，随着学者的不断深入研究，人们已经逐渐发现研究行政管理学，是一定会涉及政治与政策的，行政和政治密不可分。因此，发展到现在的行政管理学，是研究行政过程中所有与政治因素有关的学科，其研究范围逐渐扩大。

行政管理学研究领域的扩大，也表现在开始从社会整体环境的视角来研究行政学。早期行政管理学的研究范围不仅与政治脱离，也表现在与社会的脱轨。但随着社会经济的发展，行政管理的难度不断增大，行政学者们开始认识到，行政不仅不能脱离政治而独立，也不能脱离社会而存在。我们只有通过分析各种行政活动产生的社会条件和原因，才能更好地发挥行政管理对社会所起的作用和影响。目前，通过运用社会学的研究方法从社会整体环境去研究行政学，使行政管理学的研究领域更加扩大，人们的视野更加开阔。

行政管理学研究领域的扩大，还表现在以更加专业的角度去进行行政学的研究。传统行政管理学是以研究人事、财务和组织结构等方面为主要内容的，也就是人们所谓的“普通行政”“一般行政”。而近年来，行政管理学的研究对象不断扩展，大学教育、互联网、房地产、交通运输、医疗卫生等各种专业都有行政管理的影子，行政管理学的研究更加专业化。

2. *研究侧重点的转移*

从看重规律和原则的探索转向到注重具体事实、案例的研究；从重视效率的研究转移到重视价值的研究；从机械的效率观研究转变为社会的效率观研究；从重视法规的研究，转移到重视人的行为的研究❷。

早期行政管理学研究十分注重从行政管理活动中，总结出具有规律性的原则和定律，进而作为今后行政管理活动的指导原则。这种研究方法在最开始对行政管理学的发展起到十分重要的作用。但是，经过几十年的实践证明，如果完全按照研究自然科学探求定律的方法去研究行政管理学会有很大的局限性。因此，现代学者主张从客观事实的证据中去找结论，强调实事求是、因事制宜，而不以既定的结论和定律去解决新问题，更加重视“个案研究”和统计方法。

研究侧重点的转移也表现在由重事实的研究到重“价值”的研究。过去的行政管理学采用企业的科学管理方法，注重研究如何提高行政效率，不太注意目的，即“为什么”，因而忽视了“价值判断”和“价值研究”。而近几十年以来，随着学者对行政管理学的不

---

❶❷　陈瑞莲，孟华，张紧跟．当代中国的区域行政研究：缘起与发展［C］//中山大学公共管理研究与教育国际学术研讨会论文集．2001：213－233.

断深入研究，逐渐总结出行政学所涉及的两种因素：一是价值因素，二是事实因素。只有从社会价值角度出发，才能适应社会的需要，最终达到行政的目的。

研究侧重点的转移还表现为增进行政效率观的研究。早期行政管理学所认为的行政效率就是用最经济的手段，获得最大的行政效果，主要追求人力、物力、财力的节省等。而近些年来有的学者认为，效率不一定是有形的和可以计算的，其实只要是可以增加国家福祉和使社会获得满足的一切行政行为，都可算作有效的行政效率。从行政对社会所起的作用和贡献来去衡量行政效能，这对当代乃至今后行政管理学的研究都有着十分重要的社会意义。

3. 新的理论和方法不断被引入

新的理论和方法不断被引进。动态的、以人为中心的，多学科交叉整合，侧重行为和方法的研究等，使行政管理研究和政府的行政行为与行政活动更加紧密❶。

从20世纪80年代至今，是公共行政学的转型时期。在这一大背景下，各国都在大力推行行政改革，改革的广泛性和全面性可以说是前所未有，其激进性“体现了公共管理方式的根本性的调整”❷。新的理论和方法不断被引进，各大学派之间的交流和碰撞也越发的频繁。如从理性“经济人”假设出发，研究公共部门的制度特征，分析政府面临的问题的原因，进而提出解决对策的公共选择理论学派；被定义为“公共行政的传统规范与工商企业管理方法相融合”的新公共管理学派；以及将公民置于整个治理体系的中心，强调政府治理角色的转变是服务而非掌舵的新公共服务理论学派等❸。这些学派之间有明显的区别，比如公共选择学派的特点是用经济学方法来研究行政管理活动以及各个领域公共政策的制定和执行，因此又被称为“官僚经济学”❹。而新公共管理学派的特点是有明确的责任、产出和绩效取向、引进私营部门的管理工具以及采用市场机制以改进竞争❺。新公共服务学派的特点则是重视政府与社区、公民之间的对话沟通与合作共治。但各学派在相互碰撞和交流中，也形成了现代行政管理学的特征，那就是行政管理的市场化。这种市场化对政府参与行政管理活动来说，既是一种退缩，也是市场机制的广泛应用。

2.1.2.2　我国行政管理学的发展现状及趋势

1. 我国行政管理学取得的成就

我国行政管理学的发展起步较晚，基本是从零开始的。但是在国家领导人的大力倡导、国家行政管理改革的推动、国内相关学者的共同努力等诸多因素的综合作用下，我国行政管理学在近年来得到了飞速发展，并在各个方面取得了很大的成就，具体如下：

（1）行政管理学成为一门相对独立的学科，初步确立了行政管理学研究的基本范畴和框架体系，使行政管理学与其他学科的科际界限越来越清晰，并在学术界取得重要的学术

❶ 胡志忠．在县级机构改革中应注意做好档案工作［J］．湖南档案，1993（Z1）：40.

❷❺ 武树帜，胡梅娜．行政管理学的历史发展［J］．探索，1986（5）：64-66.

❸ 杨拓．当代中国政策科学发展的回顾与展望——“全国政策科学研究会成立20周年”学术研讨会综述［J］．中国行政管理，2013（2）：124-125.

❹ 李靖，钟哲．从行政管理到公共管理：中国公共管理学科发展的历史考察［J］．黑龙江高教研究，2013，31（5）：23-26.

地位和社会地位[1]。

(2) 学术研究进一步细化和专门化。中国行政管理学在注重研究行政管理的一般理论原则的基础上，加大了对部门行政管理学，如工商行政管理、教育行政管理、文化行政管理、科技行政管理等的研究力度，促进了中国行政管理学研究的进一步细化和专门化[2]。

(3) 行政管理学的学术团体与科研机构急剧增加，形成了相对独立的教学、科研体系。在学术团体方面，中国行政管理学会、全国行政管理教学研究会、全国行政管理青年研究会等行政管理学会相继建立；在研究机构方面，国务院有关部委，各省市政府、社会科学院及大部分高等院校都创办了大量的科研机构或研究中心；在教学方面，除国家行政学院外，还成立了四十余所地方行政学院。在高等院校中，据不完全调查统计，有五十多家建立了行政管理学系或专业。在教学层次上，有博士、硕士、大学本科和大专等各个层次的学历教育，并且我国自 20 世纪 90 年代末期还开展了公共管理硕士（MPA）学位教育[3]。

(4) 培养了大量行政管理学专业的高层次专门人才，他们大多数目前已成为各级政府行政管理中的中坚力量。与此同时，还向社会，特别是青年学生和党政机关，传播了行政学方面的知识，使越来越多的人认识到，科学的行政管理理论对政府管理指导的重要性[4]。

(5) 紧密围绕行政改革现实的热点开展研究，为其提供了理论支持。在国家行政改革的大背景下，行政管理学界结合实际，针对政企分开、大部制改革、公务员制度完善等问题，提出了很多实用的方法与思路。对政府领导层做出正确的决策，提供了很大的智力支持。

(6) 开展国际学术交流，与国外先进的行政管理学术团体建立广泛联系。通过开展学术活动，学习国内外先进的研究成果，进而推动我国行政管理学的研究与发展。

2. 我国行政管理学存在的问题

在我国行政管理学快速发展的同时可以清醒地看到，我国行政管理学界，到目前为止的大多数研究仍处于学习和总结西方公共管理理论的层面上，其研究的广泛性和深度与西方相比仍存在着很大差距。尤其还缺乏依靠自身的力量开掘具有重大理论价值和重要理论研究意义的命题、课题、问题的强烈意愿和能力[5]。

具体来说，目前我国行政管理学的研究存在以下问题：

(1) 行政管理的观念陈旧，需要与时俱进。改革开放四十年以来，我国的经济、社会、政治等方面都发生了巨大的变革。为了适应经济体制的变化，我们虽然进行了多次政府机构改革，但计划经济体制中落后的行政管理观念依然根深蒂固，没有与经济体制改革步伐保持一致。比如，政府直接干预经济发展、微观管理与人治管理等。而相反，民主参与管理、法制化管理以及自治管理等与市场化经济体制相适应的行政管理观念却没有完全

---

[1] 李靖，钟哲．从行政管理到公共管理：中国公共管理学科发展的历史考察［J］．黑龙江高教研究，2013，31（5）：23－26．

[2] 欧阳雄飞．我国行政管理学“十”字型学科体系的回眸与展望（上篇）［J］．甘肃行政学院学报，2005（3）：66－72．

[3] 李俊利．行政管理学课程案例教学的探索［J］．中国成人教育，2010（17）：158－159．

[4] 四川省农业厅办公室．四川省农业厅的主要职责和内设机构［J］．四川农机，2010（4）：15－17．

[5] 沈开举．当代中国行政组织法的发展与反思［J］．学习论坛，2011，27（9）：67－71．

建立起来。如果我国行政管理学的研究智囊团没有及时解决掉这个问题，这势必将会成为阻碍我国社会主义市场经济进一步发展的重要政治因素。

(2) 我国目前对行政管理方式的研究也有待改进。市场经济要求在一切行政管理活动中，必须坚持以法律手段为主，尤其是在对外活动中必须按照国际惯例办事，与国际接轨。但事实上，我国行政管理方式与手段与市场经济体制的发展没有完全适应，目前仍以行政手段为主，对法律手段的重视度不够，与国际惯例无法接轨，导致我国在与国外各种贸易纠纷中处于不利地位。因此，建立一套适应市场化经济的管理方式及手段，是我国行政管理学急需解决的问题。

(3) 我国对行政管理的程序研究仍不够完善。我国目前尚无经中华人民共和国全国人民代表大会、中华人民共和国全国人民代表大会常务委员会统一制定的行政程序法颁行。现有的《中华人民共和国行政复议法》《中华人民共和国行政诉讼法》《中华人民共和国行政处罚法》《中华人民共和国行政许可法》《中华人民共和国行政强制法》《中华人民共和国监察法》《中华人民共和国公务员法》《中华人民共和国国家赔偿法》等法律中都对相关行政程序有所涉及，但缺乏一部行政类法律的通则。且在相关法律的行政程序规定中，比较重视事后程序，对事前、事中的重视不够。行政程序的参与性弱、公开度低、对违反程序的责任追究制度不健全等，都是我国行政管理程序不完善的重要体现。

(4) 我国公职人员的整体素质和行政管理水平有待提高。由于各种主客观因素，我国公务员队伍的整体素质和行政管理水平在很多方面还不能适应新时期市场经济和社会管理提出的要求。贪污腐败、以权谋私、懒政怠政等现象频繁出现，使人民群众对政府个别官员一再失望，政府公信力下降。因此，在新的形势下，我国如何不断提高公务人员的整体素质和行政管理水平也是我们行政管理学研究的重大难题。

造成这些情况的原因是复杂且多样的。但有一点可以确定，就是“本土行政”的重视程度不够。随着国家现代化进程的不断加快，越来越多且复杂的公共管理问题还会浮出水面，这就需要我们在研究公共行政学的同时，要加强本土行政的研究，进而面对挑战、迎接挑战，以促使我国公共行政管理学科的发展。

3. 我国行政管理学未来发展的趋势

虽然当代我国行政管理学的发展存在着不足，面临着挑战，但是在以习近平总书记为核心的党中央的正确领导下，在中国特色社会主义建设新时期的大背景下，只要我们积极应对，努力科研，相信我国行政管理学的未来会一片光明。具体说来，我国行政管理学的发展必将体现出以下趋势：

(1) 行政管理学的本土化。行政管理学作为一个从西方传来的舶来品，在经过几十年的借鉴和学习后，其本土化的要求越来越迫切。行政管理学的本土化体现在以下方面：探讨并最终建立有中国特色的行政管理学理论体系；根据实践需要确立并调整我国行政管理学研究的基本范围与重点领域；建立适合中国国情的行政管理学课程体系与教育体系，探讨行政管理学基本理论、原则、技术、方法在我国的适用范围与条件。[1] 简单来说，行政管理学的本土化，就是要使行政管理学研究与中国的具体国情相结合，解决自己的问题，

[1] 朝华．促进产业结构调整暂行规定［J］．化工技术经济，2006（2）：40－41.

体现我们的中国特色。

（2）行政管理学的系统化。20世纪80年代研究的重点是行政管理学基本原理的总体构建，90年代以来，行政管理学基础理论研究开始扩展到重要的分支学科与分支领域，如组织理论与组织行为学、公务员制度、行政决策学、领导科学等。而在21世纪之后，行政管理学的研究必将深入到其他分支学科，相互交叉、融合形成新的理论，如行政生态理论、行政改革理论等。随着研究热点的多元化和向分支领域中的渗透，行政管理学的学科建设与研究范围必将趋于系统化[1]。

（3）行政管理学的综合化。行政管理学是一个复杂的学科体系，行政管理学发展将会更多地与管理学、经济学、法学、社会学、心理学等学科进一步紧密结合开展综合研究。行政管理学的综合化的表现，一方面是基本理论与研究方法相互借鉴渗透；另一方面是研究领域的相互交叉与部分重合[2]。

（4）行政管理学的国际化。加强与国际行政管理学界的学术交流与合作，将中国行政管理学研究的现状与主要成果推向世界，让世界了解中国行政管理体制改革的进展与经验。同时，我国的行政学界应时刻保持谦虚好学的心态，加强对国际行政管理的学习，及时把握国际行政管理学发展的新动向、新趋势，积极借鉴国外先进的行政管理理论、方法与技术[3]。

2.1.3 主要核心理论简介

行政管理学的核心理论按照时间排序可分为科学管理理论、一般管理理论、集权组织理论、需求层次理论、公共选择理论、新公共服务理论等。

1. 科学管理理论

科学管理理论的创始人是泰勒，提高效率是科学管理理论的核心问题和首要目标。其主要内容为：①以科学的管理方法代替传统的经验管理方法，实行工作定额原理和标准化原理；②为提高生产效率，必须为工作选配“第一流的工人”；③实行差别计件工资制；④将计划职能和执行职能分开；⑤实行职能工长制；⑥提出了管理的例外原则。

2. 一般管理理论

法约尔的一般管理理论，是现代经营管理之父——亨利·法约尔在他最重要的代表作《工业管理和一般管理》中阐述的管理理论。他认为，管理理论是指有关管理的、得到普遍承认的理论，是经过普遍经验检验并得到论证的一套有关原则、标准、方法、程序等内容的完整体系；有关管理的理论和方法不仅适用于公私企业，也适用于军政机关和社会团体。这正是其一般管理理论的基石。为了使管理者能充分地履行各种管理职能，法约尔提出了管理的14项一般原则，分别为劳动分工、权利与责任、纪律、统一指挥、统一领导、个人利益服从整体利益、人员报酬、集中、等级制度、秩序、公平、人员稳定、首创精神、员工团结等原则。

[1] 李靖，钟哲．从行政管理到公共管理：中国公共管理学科发展的历史考察［J］．黑龙江高教研究，2013，31（5）：23-26.

[2] 谢佳桐．公共服务PPP模式与政府采购法律制度比较研究［D］．上海：华东政法大学，2015.

[3] 李俊利．行政管理学课程案例教学的探索［J］．中国成人教育，2010（17）：158-159.

3. 集权组织理论

马克斯·韦伯认为，任何组织都必须以某种形式的权力作为基础，没有某种形式的权力，任何组织都不能达到自己的目标。人类社会存在传统权力、超凡权力、法定权力三种为社会所接受的权力。其中：人们对传统权力的服从并不是以与个人无关的秩序为依据，而是在习惯义务领域内的个人忠诚；而超凡权力过于带有感情色彩并且是非理性的，不是依据规章制度，而是依据神秘的启示。这两种权力都不宜作为行政组织体系的基础。只有法定权力才能作为行政组织体系的基础，其最根本的特征在于它提供了慎重的公正。

4. 需求层次理论

马斯洛认为，人的需求由生理的需要、安全的需要、社交的需要、尊重的需要、自我实现的需要五个等级构成，依次由较低层次到较高层次排列。人们必须先满足某些需要，才能满足另一些需要。尽管有例外，但我们总是先满足低层次的需要，然后才关注高层次的需要。马斯洛层次需求理论对行政管理工作有着深刻的启发意义。

5. 公共选择理论

公共选择理论又称新政治经济学或政治学的经济学，它以微观经济学的基本假设（尤其是理性人假设）、原理和方法作为分析工具，专门研究政府决策的经济学理论，它是对政府决策过程进行经济分析的理论。现代的公共选择理论开始于政治学家邓肯·布莱克，领袖人物当推美国著名经济学家詹姆斯·布坎南。此外，著名经济学家阿罗和唐斯对公共选择理论的建立和发展也做出了重要贡献。

6. 新公共服务理论

新公共服务理论是从市场和经济学的角度重塑行政的理念和价值，在对新公共管理理论进行批判和反思的基础上，由一些学者提出的新公共服务理论。代表人物是丹哈特夫妇。他们在民主社会的公民权理论、社区和市民社会的模型、组织人本主义和组织对话的基础上，提出了新公共服务的七大原则：①服务而非掌舵；②公共利益是目标而非副产品；③战略地思考，民主地行动；④服务于公民而不是顾客；⑤责任并不是单一的；⑥重视人而不只是生产率；⑦超越企业家身份，重视公民权和公共事务。

2.1.4　行政管理专业的核心课程简介

行政管理学的专业核心课程包括政治学原理、管理学原理、公共行政学、社会学、人力资源管理、公共组织学、公共政策分析、领导科学、政府经济学、地方政府学、当代中国政治制度、比较政治制度、公共管理学、公共关系学、办公自动化、电子政务等。由于课程量较大，因此我们选取一部分课程向大家进行简单地介绍，如果对其他核心课程感兴趣，大家也可以上网查找相关的资料。

1. 政治学原理

政治学原理课程为公共事业管理学专业开设的一门专业必修课程之一，是政治学训练的逻辑起点。政治学原理不是一般地分析和研究政治学的基本概念与内容，也不是仅仅介绍政治现象和政治活动的基本机构与基本特征，而是从客观政治现实出发，对政治现象与政治活动发生、发展规律进行揭示、分析和探讨，并把它概括归纳上升为理论形态的课程。因此，这门课程主要解决的是政治现象“是什么”和“为什么”的问题，是人们对于政治的理性认识和理论思考。也正因为如此，这门课程所进行的分析和论述，关注的是政治的一般性规律和特征，这是掌握政治学各方面知识的理论基础，其以培养学生的政治思维和分析能力为目标，以知识阐述和理论分析为基本内容，同时结合实际政治生活进行分析与探讨。

2. 管理学原理

管理学原理课程属于财经类及管理类课程体系中的专业基础课程，是一门综合性、知识性和实践性较强的专业基础课，目的在于使学生系统地掌握人类管理活动的普遍规律、基本原理和一般方法，是财经类及管理类专业学生专业素质培养的基础课程，为专业核心课程和专业方向课程学习奠定基础。

通过本课程的教学，使学生初步掌握管理学的基本概念、管理思想和管理学科的发展历史、管理的基本职能及应用方法，为后续相关专业课程的学习奠定基础，让学生具有中层、基层管理岗位的综合管理技能与素质，并能够紧密联系实际，学会分析案例，解决实际问题，把学科理论的学习融入对经济活动实践的研究和认识之中，切实提高分析问题、解决问题的能力。

3. 公共行政学

公共行政学是一门研究政府对社会进行有效管理规律的科学，是国家公务员和其他公共部门工作人员必备的知识。它是行政管理学专业的专业基础课。通过本课程的学习要求学生掌握公共行政学的基本理论知识和思维方法，培养运用理论知识分析问题、解决问题的能力，培养一定的研究能力和从事行政管理工作的实践能力。学习本门课程，要求学生以开阔的视角，紧密结合中国现代化建设的实际，努力探索行政管理的规律，实现行政管理的科学化，为我国的社会主义现代化建设服务。

公共行政学是一门交叉科学，研究内容十分丰富。其研究的基本范畴和原理随着行政管理实践的深入而被人们揭示。因此，公共行政学的研究内容是发展变化的，不同学派，不同教科书，有不同的或大同小异的体系。

4. 公共组织学

公共组织学结合当前我国政府机构改革和公共管理兴起的实际，对公共管理的主体——公共组织进行了较为全面和深入的分析。公共组织学通过对有关公共组织的内涵、理论发展、结构、人员、文化、外部环境、行为、管理与运作、效能、变革与发展等问题的研究，力图勾画出公共组织学的学科体系，反映公共组织学的基本内容，并体现出公共组织的特色以及在公共组织研究方面的新成果。公共组织学教材可供高等院校公共管理相关专业的本科学生作为教材使用，也可供 MPA 及各类各级公共管理部门的在职人员学习培训使用。

5. 比较政治制度

比较政治制度系统地对中、英、美、法、德、俄、日等国的政治制度进行了多维度的比较和分析，其中具体涉及选举制度、政党制度、代议制度、行政制度和司法制度等。通过从比较的视角对各主要国家政治制度进行讲授，本课程一方面希望能够发现和总结政治制度的基本共性和各具特色的个性，进而使学生初步掌握比较政治制度的基本知识；另一方面希望能够培养学生初步具备运用比较政治制度的知识、原理和方法分析政治现象的理论能力。

6. 公共政策分析

公共政策分析是公共管理学科各专业的学科基础课。通过本课程的学习，使学生在了解公共政策学科特点的基础上，掌握公共政策的基本概念、理论和方法，培养学生具有初步分析、评价公共政策的基本理论和技巧，并能根据我国的具体情况，吸收借鉴他国公共政策的部分前沿理论来促进我国公共政策的效率，从而系统地掌握公共政策的体系内容。本课程主要介绍了公共政策的概念、理论、基本过程和分析方法，内容涉及公共政策的特征、类型和作用，公共政策主体、客体与政策环境，公共政策模型及相关理论，公共政策制定，公共政策的执行，公共政策监控，公共政策的评估与终结等。本课程的教学以课堂讲授为主，并结合案例进行讨论。

7. 公共关系学

公共关系学是研究社会组织与相关公众之间双向传播沟通，以树立良好组织形象、优化组织生存环境的一门综合性的应用学科。本课程开设的目的主要是培养学生的公关素养，使学生获得公共关系基本理论和基本技能，增强公共关系意识，提高公共关系素质，增强实际的公共关系能力，为走向职场奠定良好的基础。

8. 公共管理学

公共管理学是行政管理专业学生的学科基础课。本课程在探讨公共与行政的联系与区别、公共管理兴起的时代和理论背景的基础上，凸现了公共管理的管理、责任和市场化内涵；在介绍公共管理的主要框架和理论、明了公共管理内部管理和外部管理要素以及公共政策的一般规律和公共伦理的一般知识的情况下，针对全球化和信息化趋势，展示了公共管理学主要的理论知识；本课程还介绍了当代西方国家为应对这两种趋势而做的企业型政府再造和电子化政府塑造中的经验，并对中国的政府再造问题提供了一些学术上较为公认的研究成果。总而言之，作为一门新兴的学科，本课程既要让学生了解本学科的性质，又要了解这门学科的一般知识，更要让学生了解国际国内新的研究成果。

9. 当代中国政治制度

当代中国政治制度是一门理论与实践相结合的研讨通识型课程。本课程概述了当代中国政治制度的主要内容，如人民代表大会制度、选举制度、国家行政制度、公务员制度、民族区域自治制度、特别行政区制度、共产党领导的多党合作制度、政治协商制度等，分析了上述制度的由来、发展及运行状况，使学生在了解并掌握我国主要政治制度的同时，树立和增强对制度的正确信念和认同，促进对我国现有政治制度体系的理性思考。

2.2 行政管理学的历史发展

在封建社会和资产阶级革命胜利后的较长时间里，由于行政事务较为简单，没有形成完整的行政学体系。20 世纪以来，随着资本主义的发展，国民经济得到快速提高，国民的社会生活日益丰富。但在社会发展过程中也出现了都市化带来的一系列急需解决的社会问题。这就对国家的行政管理提出了新的要求，但政府及其工作人员的实际状况却不能令人满意，诸如效率低下、不负责任、贪污腐化、铺张浪费等现象并不鲜见。这就促使人们进一步关注政府，研究有关公共行政的问题，以求解决现实矛盾[1]。总之，行政管理学的诞生是社会发展进步的客观要求，也是社会发展进步的一种表现。

美国总统威尔逊年轻时所著的《行政学研究》被视为行政学起源的象征。此后，行政管理学开始逐步发展起来，到目前为止大体可分为四个阶段。

2.2.1　第一阶段（20世纪初到20世纪30年代）：行政管理学的正统时期

这一时期主要受三种理论力量的影响：政治与行政分开的理论——威尔逊、古德诺，企业管理取向的行政理论——泰勒的科学管理理论和法约尔的一般管理理论，理性的行政组织理论——韦伯（德国）《论官僚制》。

2.2.1.1　古德诺的"政治—行政二分法"

著名学者古德诺将"政治"与"行政"分开，认为政治是决策，行政是执行，提出"政治是国家意志的表达，行政是国家意志的执行"[2]。政治与行政必须以某种方式取得协调。

古德诺对政治—行政二分法的贡献并不在于他提出的这个说法本身，因为这一观点不是他第一次提出的，而是他在继承前人思想的基础上进行完善的。他的贡献主要在于：他对政治—行政二分法更深一步的理解：

（1）第一次澄清了这种二分法容易造成的误解——一种政府功能只存在一种机构当中。

（2）第一次指明了这样一个道理："分权原则的极端形式不能作为任何具体政治组织的基础"。"因为这一原则要求存在分立的政府，每个政府机构只限于行使一种被分开了的政府功能。然而，实际政治的需要却要求国家意志的表达与执行之间的协调一致"[3]。

此外，除了进一步阐释政治—行政二分法之外，他另一个重要的贡献在于他对政治与行政协调的途径进行了深入的探讨。

1. 政治对行政要进行适度的控制

（1）政治必须取得对行政在某种程度上的控制。因为他认为，这是政治与行政相互协调的基础。

（2）政治对行政的控制也要有一定的限度。因为这种控制一旦超过了某种限度，就会影响行政执行的原有功能，损害建立这一控制的最初目的。

2. 行政的适度集权化

（1）古德诺认为，中央与地方的这种分权，造成了行政力量统一性的破坏，从而使国家意志的执行出现了问题。要改变这种情况，便只有通过行政权的集中这一途径。

（2）中央具有国家意志表达的权力，但这种意志的执行则在相当程度上依赖于地方。一旦当地方不受控制的时候，它就会脱离国家从而使整体走向分裂。这就是为什么要适度集权化的原因。

---

[1] 沈开举．当代中国行政组织法的发展与反思［J］．学习论坛，2011，27（9）：67－71.

[2] 巴云军，王兴阁．道路运输管理队伍廉政建设初探［J］．决策与信息（下旬刊），2014（6）：76，79.

[3] 彭国甫．回顾与展望：发展中的中国行政管理学［J］．湘潭大学学报（哲学社会科学版），1999（2）：20－22.

虽然古德诺对政治—行政二分法有以上这些贡献，但是也存在不足之处。比如，他没有把主要精力都放在行政部门的具体事务上，只是将注意力放在了行政制度上，主要分析了美国行政有效开展所涉及的外部环境问题，没有关注细节。再者，他和威尔逊一样，都仅代表中小资产阶级的利益，带有一定的局限性。但无论如何，威尔逊和古德诺的政治—行政二分法，都是当时正统行政学派的核心观点。

2.2.1.2 泰勒的科学管理理论与法约尔的一般管理理论

1. 泰勒的科学管理理论

提高效率是科学管理理论的核心问题和首要目标，在这个阶段，泰勒和相关学者对这个问题进行了不懈探索。最后经过他们的努力，形成了一套较为完备的管理理论，它的主要原则是：

（1）系统化。使每一组织合乎系统的要求，要有准确的工作方式与程序，要有明确的职责分配，要分清轻重缓急的先后次序，要有事物安排的适当场所。

（2）计划化。在机关中从事任何工作都要有计划。

（3）协调化。要分工合作，要有“团结精神”，互相协调一致。

（4）效率化。以最经济的手段获得最大的效果。

（5）标准化。泰勒的这种科学管理方法以后逐步运用到政府的行政管理中，对行政学的发展产生了深刻的影响[1]。

泰勒认为：构成科学管理的不是任何一个因素，而是各个因素组成的整体。它提倡合作，要求最大产出，力求使个人发挥他的最大效能和获得最大的财富。这一时期的行政学家开始重视对行政管理过程的考察，提出了行政管理中的组织原理，力图达到提高行政效率的目的。[2]

2. 法约尔的十四项“普遍原则”

在怀特、威劳毕等美国行政学家运用泰勒的科学管理理论和方法推行行政管理研究的同时，欧洲大陆的另一些学者则从企业的角度对这一理论进行了修正和补充。其突出代表是被誉为“科学管理之父”的亨利·法约尔，他提出了十四项“普遍原则”[3]，具体如下：

（1）劳动分工原则。这条原则与亚当·斯密的“劳动分工”原则是一致的。专业化分工将使雇员们的工作更有效率，从而提高了工作的成果。

（2）权力与责任原则。职权管理者必须有命令下级的权力，职权赋予管理者的就是这种权力。但是，责任与权力应是共生的，管理者在行使职权的同时，就要履行相应的职责。

（3）纪律原则。雇员必须遵守和尊重统治组织的规则，必须认清与管理者上下级的关系。而管理者必须造就良好的纪律，学会明智地运用惩罚以对付雇员违规的行为。

（4）统一指挥原则。统一指挥，每一个雇员应当只接受来自一位上级的命令。

（5）统一领导原则。统一领导，每一组具有同一目标的组织活动，应当在一位管理者

---

[1] 郭润生，吴敏．中国当代行政管理学的历史使命［J］．山西大学学报（哲学社会科学版），1995（3）：22－23，111.

[2][3] 袁曙宏．现阶段我国行政管理学和行政法学的历史任务［J］．安徽大学学报，1987（3）：46－51.

和一个计划的指导下进行。

(6) 个人利益服从整体利益原则。个人利益服从整体利益，任何雇员个人或雇员群体的利益，不应当置于组织的整体利益之上。

(7) 人员报酬原则。对于每个工作人员的服务必须付给相对等的工资。

(8) 集中原则。集中是指下级参与决策的程度。决策制定是集中于管理当局，还是分散给下属，都只是适当程度的问题，管理当局的任务是找到在每种情况下最适合的集中程度。

(9) 等级制度原则。从最高层管理到最低层管理的直线职权代表一个等级链，信息应当按等级链传递。但是，当信息在自上向下传递过程中出现延迟现象时，则可以允许横向交流，条件是所有当事人同意和通知各自的上级。

(10) 秩序原则。秩序人员和物料应当在恰当的时候处在恰当的位置上。

(11) 公平原则。管理者应当友善和公平地对待下级。

(12) 人员的稳定原则。人员的经常流动会造成工作的低效率，管理当局应当提供有规则的人事计划，并保证当职位出现空缺时，有合适的人选及时替补。

(13) 首创精神。允许雇员提出和实施他们的计划，这将极大调动他们工作的积极性。

(14) 团队精神。团队精神将会在组织中营造起和谐和团结的氛围，有利于组织工作的开展❶。

3. 韦伯的官僚集权组织理论

德国的马克斯·韦伯在这个时期也对行政管理理论的研究做出了重要的贡献，他的官僚集权组织理论在当时被众多学者所推崇。

这种官僚集权组织是以合法合理的权利为基础，通过法律确定的职位权力进行管理的。它实行分工，通过技术考试或训练教育而获得的技术资格来挑选组织中的成员。管理人员领取薪金是专职的公职人员，而不是其单位的所有者。所有人都要遵守组织的规则和纪律。

韦伯的组织理论后被许多行政组织专家所继承，成为西方行政组织学理论研究的重要基础，故韦伯被称为“组织理论之父”。❷

2.2.2　第二阶段（20 世纪 30—60 年代）：行政管理学批判和修正时期

在这一阶段，泰勒等人提出的“传统”科学管理理论，经英国人厄威克和美国的古利克等加以整理阐述而系统化。林德尔·厄威克提出了适用于一切组织的八项原则：①目标原则，即每个组织都应当有目标；②相符原则，即权力和责任相符；③职责原则，即上级对下级工作的职责是绝对的；④组织阶层原则，即层次；⑤控制广度原则，即每一上级所管辖的幅度；⑥专业化原则；⑦协调原则；⑧明确性原则，即对每项职务都要有明确规定。厄威克的八项原则至今被西方行政学界奉为行政组织的基本原则。而卢瑟·古利克又在之后提出了“管理七职能说”，即计划、组织、人事、指挥、协调、报告、预算等七种

---

❶ 武树帜，胡梅娜．行政管理学的历史发展 [J]．探索，1986 (5)：64－66.

❷ 袁曙宏．现阶段我国行政管理学和行政法学的历史任务 [J]．安徽大学学报，1987 (3)：46－51.

管理职能❶。

但是，无论是厄威克还是古利克，或是之前泰勒和法约尔的科学管理理论，这些传统管理理论都有一个共同点就是强调科学、注重效率，但忽视了人的因素。他们都把工人看成是机器的附属品，这就激起了工人组织的不满。随着生产和科技的发展，为了适应企业管理的需要，出现了行为科学。所谓行为科学就是对职工在生产中的行为及其产生原因进行分析研究的学科。

早期行为科学的代表人是梅奥。他否定了职工是“经济人”的观点，通过著名的霍桑试验，进而提出了“社会人”的论点。他认为金钱和经济利益对于促进工人提高劳动生产率的作用是第二位的，起第一位作用的是职工的满足度，也就是追求一种社会、心理等方面的精神需求，例如追求友情、安全感、归属感和受人尊敬等。后期的行为科学是在梅奥等人研究基础上进一步深入发展的，侧重点从“社会人”发展到“自我实现的人”，发展到着眼于职工能否获得更有意义的、更具挑战性的工作，在工作中能否获得成就感、尊重与自我满足，能否自我实现❷。

而马斯洛进一步将人的需求从低到高依次分为生理需求、安全需求、社交需求、尊重需求和自我实现需求，也就是著名的马斯洛需求层次理论。马斯洛认为，人类具有一些先天需求，人的需求越是低级，就越基本，越与动物相似；越是高级的需求就越为人类所特有。同时这些需求都是按照先后顺序出现的，当一个人满足了较低的需求之后，才能出现较高级的需求，即需求层次。马斯洛的需求层次理论指出了人在每一个时期，都有一种需求占主导地位，而其他需求处于从属地位。这一点对于行政管理工作具有深刻的启发意义。但是需求层次理论也存在着很多不足，比如人本主义的局限，需要有重叠倾向，并且需要满足的标准和程度也是模糊的。

2.2.3 第三阶段（20世纪60—80年代）：整合公共行政研究时期

这一阶段的行政管理理论与之前不同，彼此之间没有明显的分别标志，是一个渐进的过程。这一阶段的总体特征是：注重系统理论的应用，既强调组织的静态方面，又强调权变等动态方面，并强调人的因素来诠释全面性和整体性。这个阶段最有代表性的三个理论分别是系统论、权变理论和生态行政学。

1. 系统论

最早运用系统观点的人是切斯特·巴纳德。他认为组织的本质不是组成组织的各种物的成分，而是人与人之间的协作关系。他还提出了组织存在的协作意愿、共同目标、信息交流三个基本条件❸。巴纳德创立了系统组织理论，最早把系统理论和社会学知识应用于管理领域，提出系统组织观，创立了社会系统学派，对系统科学管理学派影响深远。

20世纪60年代，系统管理理论有了新的突破，进入了系统科学阶段。系统管理理论

---

❶❷ 郭润生，吴敏．中国当代行政管理学的历史使命［J］．山西大学学报（哲学社会科学版），1995（3）：22-23，111.

❸ 陈瑞莲，孟华，张紧跟．当代中国的区域行政研究：缘起与发展［C］//中山大学公共管理研究与教育国际学术研讨会论文集．2001：213-233.

认为，行政组织是一个由许多相互依存的、不同要素的，具有一定功能的各要素构成的系统，各个部分彼此独立，但又相互依存和制约。因此，行政管理既要重视行政系统与外界环境、外部系统之间的关系，又要重视行政系统内在各部分之间的关系；既要强调行政组织结构、工作程序等因素，又要强调人的因素[1]。这一时期的代表人物有：提倡生态系统理论的美国学者 F. W. 雷格斯、主张社会系统理论的美国学者 T. 帕森斯、研究环境系统理论的美国学者 F. E. 卡斯特等。系统管理理论后来被人们普遍接受，成为当代研究行政管理的一种值得参考和借鉴的重要理论。

2. 权变理论

权变理论是 20 世纪 70 年代在西方形成的一种管理理论。权变观是以系统理论为基础形成的，它否认一成不变、普遍适用的“最佳”管理理论和方法，它认为每一个组织都有其特定的社会环境和内部条件。因此，随机应变，一切以时间、地点和条件为转移是组织管理行之有效的关键。传统的行政学理论关注的焦点是行政组织和制度，人际关系学派关注的是人的行为，但两者的目的都是发现一些具有普遍适用性的原则，权变理论对这一研究传统提出了挑战。这一时期的主要理论代表是菲德勒的权变领导理论[2]。

3. 生态行政学

一般系统理论与行政管理学相结合，形成了所谓的生态行政学。其研究的基点在于政府赖以生存和运作的生态系统的重要性，强调政府与其环境的互动和动态平衡。最早运用生态观点来研究行政现象的是美国人高斯，而将行政生态学发扬光大的则是用生态理论来解释行政现象的美国人里格斯。里格斯认为，生态行政要探讨的是各国的具体国情如何影响并塑造该国的行政，反过来，公共行政又是如何影响该社会的变迁和发展的。他勾勒了农业社会的融合型、工业社会的衍射型、过渡社会的棱柱型三大行政模式，并从经济、社会、沟通网络、符号系统和政治架构五个因素分析它们与公共行政的关系[3]。

2.2.4 第四阶段（20 世纪 80 年代以来）：公共行政学的转型时期

从 20 世纪 80 年代至今，是行政管理学的转型时期。这个时期各国都在推行大规模的行政改革，这一改革的广泛性和全面性可谓前所未有。从改革的方向上看，如果说前半个世纪行政改革趋势和结果是政府的膨胀和扩张的话，当代改革的特点则是政府的退缩和市场价值的回归。

为了适应实践的需要，行政管理学出现了一些新趋势。比如，适应后工业社会和信息时代的“后层级制行政模式”，替代传统的层级制行政模式，实现行政管理模式的转型；市场化成为了公共行政学的理论特色和发展趋势；经济学特别是新制度经济学和公共选择理论等对公共行政学产生了很大的影响[4]。

---

[1] 欧阳雄飞．我国行政管理学“十”字型学科体系的回眸与展望（上篇）[J]．甘肃行政学院学报，2005（3）：66－72.

[2][3] 武树帜，胡梅娜．行政管理学的历史发展 [J]．探索，1986（5）：64－66.

[4] 李靖，钟哲．从行政管理到公共管理：中国公共管理学科发展的历史考察 [J]．黑龙江高教研究，2013，31（5）：23－26.

1. 公共选择理论

作为一个独立的研究领域，公共选择被定义为“对非市场决策的经济学研究”。公共选择的特点就是用经济方法来研究政府的管理活动及各个领域公共政策的制定和执行，因此它又称为“官僚经济学”❶。

公共选择理论从理性“经济人”假设出发，致力于研究公共部门存在的制度特征和由此导致的后果，对公共部门的制度缺陷进行了深入的分析和讨论❷。该理论优秀的地方不在于其分析政府面临的问题及其原因，而是它提出的解决问题的方法。传统行政管理学在遇到社会问题时会第一想到完善政府本身，而公共选择理论则更加重视政府与社会的关系。它认为公共服务不一定必须由政府来提供，也可以由社会和个人提供。既然政府内部问题众多，并且改革成效甚微，那么不如将政府的垄断地位打破，建立自由竞争的市场，让民众自由选择哪一种服务，进而完善政府服务和改善公共服务。公共选择理论的核心就是所谓的“市场价值的重新发现和利用”。

2. 新公共管理理论

新公共管理又称管理主义，它被定义为“公共行政的传统规范与工商企业管理方法的融合”❸。严格来说，新公共管理既不能说是一种“主义”，也不能被定义成一种理论，只不过是当代研究公共管理学的一种时尚而已。其基本观点可以总结如下：

（1）公共部门与私人部门之间在管理上没有本质差距。

（2）私营部门的管理比公共部门管理要先进和优越。

（3）借用私营部门的管理模式、管理原则、管理方式和技术，包括录用私营部门的管理人员来“重塑政府”，进而提高政府的工作效率和管理水平。

在行政改革的实践中具有以下几个特征：明确的责任、产出和绩效取向、以半独立的行政单位为主的分权结构、引进私营部门的管理工具、利用市场机制建立良性竞争❹。

3. 新公共服务理论

新公共服务理论是美国著名公共行政学者登哈特夫妇基于对新公共管理理论的反思，特别是针对企业家政府理论缺陷的批判，而提出的一种全新的公共行政理论。❺ 基础理论有四个：民主社会的公民权理论、社区和公民社会模型、组织人本主义和组织对话理论及后现代公共行政理论。

新公共服务理论的基本原则包括以下方面：

（1）政府的职责是服务而非掌舵。

（2）追求公共利益，公共利益是主要目标，而非副产品。

（3）战略地思考，民主地行动。

（4）超越企业家身份，服务于公民而不是顾客。

（5）责任并不是单一的，即应关注市场，也应该关心宪法和法律、关注社会价值观、政治行为准则、职业标准和公民利益。

---

❶❷❹ 武树帜，胡梅娜．行政管理学的历史发展［J］．探索，1986（5）：64－66.

❸ 李俊利．行政管理学课程案例教学的探索［J］．中国成人教育，2010（17）：158－159.

❺ 杨拓．当代中国政策科学发展的回顾与展望——“全国政策科学研究会成立20周年”学术研讨会综述［J］．中国行政管理，2013（2）：124－125.

（6）重视人作用，而不只是生产率。

（7）重视公民权利和公共服务。

新公共服务理论是在对新公共管理理论进行反思和批判的基础上提出和建立的，本质上是对新公共管理理论的一种扬弃。它承认新公共管理理论对于改进当代公共管理实践所具有的重要价值，同时也在否定新公共管理理论，特别是在企业家政府理论的固有缺陷的基础上，提出和建立一种更加关注民主价值和公共利益、更加适合现代公民社会发展和公共管理实践需要的新的理论选择。[1] 新公共服务理论的理念和原则对于我们创建“服务型政府”，无疑是有着积极的指导意义的。

2.3　行政管理学的研究内容和学习方法

2.3.1　行政管理学的研究内容

在不同的历史条件下，行政管理的研究内容是不完全相同的。但是如果从其基本规律出发，一般认为，行政管理学的研究内容主要包括以下方面：

（1）行政原理。行政管理的基本原理和原则，是行政管理学的重要研究内容。行政管理学不仅要阐述行政管理的一般原理和原则，还要分别论述指导行政组织、行政领导、行政决策、人事行政等方面的原理和原则，进而指导行政实践活动。

（2）行政组织。健全的组织是行政计划和决策顺利执行的前提。行政组织是国家行政管理的主体。行政组织体制、机构设置是否合理，关系到行政管理活动的过程和结果。因此，关于行政组织的研究，也是行政管理学的重要内容。

（3）行政领导。行政领导是行政活动中的一个重要环节。有效的行政领导，可以影响员工的工作积极性和行政效果。因此，行政管理学十分重视对行政领导的研究。以获得最佳的领导结构和领导方式，通过提高行政领导人的素质，保证行政工作顺利、高效地完成。

（4）行政决策。决策贯穿于全部行政过程当中，并对最终结果起着关键性的作用。一个正确、成功的决策则可以直接促成一次有效的行政管理，而一个错误的决策可能会导致全盘皆输。因此，行政决策是行政管理学研究的中心课题。

（5）人事行政。行政管理活动的任何过程和每一个环节都离不开人的因素。行政人员的人数和素质直接影响整个行政活动的结果。因此，如何在行政管理中管理好人，也是行政管理学必须深入研究的课题。

（6）财务行政。财务行政是国家行政管理活动中不可缺少的一部分。研究财务行政可以有效地利用国家资金开展行政工作，提高行政效率，服务于人民。

（7）行政监督。建立和健全行政法规，运用法律手段，对行政管理活动进行监督，是国家有效开展行政管理活动的重要保证。

---

[1] 郭润生，吴敏．中国当代行政管理学的历史使命［J］．山西大学学报（哲学社会科学版），1995（3）：22－23，111.

(8) 行政信息。信息对于现代管理非常重要。在复杂的行政管理系统中，如果没有准确、及时和通畅的信息交流和信息沟通，就不能保证行政管理活动的分工合作、协调一致、步调一致。

(9) 机关管理。机关是行政管理机构的重要中枢系统。行政机关是否能建设好、管理好，能否发挥它应有的作用和效率，对整个行政管理具有重要意义。

(10) 行政效率与行政政策。提高效率是改进任何工作方法的根本目的，对于行政管理工作来说也是如此。改进行政管理的方法、提高行政效率是行政管理学研究的不变课题。行政管理工作应该随着社会环境的不断变化、国家管理和人民生活的需求，进行各种改革，这样才能使行政管理活动与国家实际情况相适应，才能使行政管理活动永葆活力和生机，不断提高行政效率。

行政管理学的研究内容很广泛，除了上述重点内容外，受到不同政治制度的影响，每个国家都有其特殊的研究内容。

2.3.2 行政管理学与其他管理学科的区别

了解了行政管理学的研究内容之后，可以分析出行政管理学与企业管理和其他管理科学之间的区别。

随着社会经济的发展，首先由企业管理内部形成的一套科学管理方法，然后被引入到行政管理领域。因此，行政管理学的一些原则和方法都是来自于企业管理的。但两者又有以下不同：

(1) 其他管理是长期的。无论在社会发展的任何时期、任何领域都存在着管理。而行政管理则是一定历史阶段的产物，它与国家共同产生，共同消亡。

(2) 其他管理的主体是社会组织或团体的领导机构或个人，行政管理的主体则是国家行政机关。我国宪法规定，国务院和地方各级人民政府是最高国家行政机关和地方各级行政机关。我国国家行政机关体系中还包括中央和地方各级政府所属的工业、农业、财政、文教卫生、交通运输等职能部门[1]。

(3) 其他管理的目的是为实现某一组织或团体的利益为宗旨，为组织或团体内部所有人服务的。行政管理则具有阶级性，它为统治阶级服务。

(4) 其他管理是根据组织或团体的规章制度进行的，而行政管理则是依法进行的。国家行政机关在进行管理活动时，依照宪法和法律发布行政命令，所有单位和全体公民都必须遵守，是具有普遍约束力的管理。

(5) 其他管理的范围较广，大到企业，小到家庭都需要经营和管理。而行政管理的范围也不小，几乎涉及社会、经济和生活的各个方面。但行政管理的层次更高，主要是决策、领导、组织、协调等活动，是一种宏观管理。

2.3.3 行政管理学的学习方法

首先，政府的行政管理活动是一个由多因素构成的复杂系统，这个系统包括目标、技

[1] 袁曙宏．现阶段我国行政管理学和行政法学的历史任务［J］．安徽大学学报，1987（3）：46－51.

术、经济、心理、结构、管理、伦理等因素。因此，对行政管理学的学习和研究需要运用多学科的知识，这些知识包括心理学、经济学、政治学、社会学、历史学、哲学、经济学、逻辑学、伦理学、数学、系统论、信息论、控制论等。正是因为行政管理学具有上述复杂性的特点，因此在学习行政管理学的同时，要自主学习和了解上述学科的相关内容，不能说一定要达到精通的地步，但也要达到基础达标的水平。但从实际情况来看，大多数学习者在学习行政管理学的过程中，由于不具备上述学科的知识和学习能力，在学习过程中遇到了很多困难。因此，有志向学好行政管理学的同学，首先必须要解决的就是基础知识的储备问题。

其次，行政管理学也是一门实践性非常强的学科，因此，要想学好行政管理学也是要根据其特点，讲求方法，对症下药的。行政管理学的学习包括以下方法：

（1）传统的教师讲授，学生认真听、读的学习方法。为了理解和掌握行政管理学的基本概念和学科理论体系，从书本里获取知识是最基本也是最重要的学习方法。为了学好行政管理学，学习者必须认真完成听课、自学、作业、复习四个环节的学习任务。因为行政管理学是从国外引进的学科，因此，很多著作虽然被专家翻译成了中文，但是在表述上可能与白话文有些许的出入，这就给初学者的自学带来了很大的困难。所以学习者在学习的过程中一定要重视课堂上的教学环节。同时，在课后要多去图书馆，尽可能地多读一些专业参考书，这会帮助学习者查缺补漏，更好地加深对相关理论知识的理解。只要学习者能做到这些，通过高质量的课堂教学、适度的课后阅读与思考训练，理解、学习和掌握行政管理学的基本概念和学科理论体系也就不是一件很困难的事情了。

（2）观察和体验的学习方法。不管你愿意不愿意，我们每一个人每天其实都处于各种管理活动之中，并且有很多人甚至本人就从事管理活动。因此，学习行政管理学的另外一个重要方法就是走出课堂，通过个人的观察和体验来理解和认识行政管理学的相关概念和理论体系，以及管理的规律和方法。这种学习方法就考验我们的动手能力了，我们在观察和实践中要仔细收集信息，并认真分析和思考。目前，我国的社会主义民主化建设已经逐渐完善，政府工作的透明度也在不断地提高，为我们通过这种方法学习行政管理学提供了一个良好的学习环境。

（3）模拟代入的学习方法。行政管理学是一门指导人们从事管理活动的学科，但在现实生活中，并不是每一个学习者都在从事管理类的工作，因此，不能感同身受地了解有关行政管理的工作内容和工作方法。这个时候，模拟代入的学习方法就显得十分重要了。模拟的学习方法主要包括角色表演、管理游戏、研讨对话三种方式。角色表演，首先是由教师根据教学内容设计管理问题，然后由学者思考和设计解决问题的方法，最后通过角色扮演的方式还原解决问题的过程。管理游戏，首先是由教师根据教学要求设计一个游戏内容和规则，然后引导学习者完成游戏，并让学生总结概括出该游戏蕴含的行政管理知识。研讨对话，首先是由教师根据教学内容的要求设计研讨对话的题目和程序，然后引导学生进行分组讨论和课堂交流，最后完成对某一管理知识的认知。这些学习方法，都会使学员主动参与进来，模拟实际情景，学习行政管理知识。这种学习方法不但能调动学员的学习积极性，同时也可以加深对所学内容的理解与掌握。

2.4　本章小结和典型案例分析

2.4.1　本章小结

本章作为行政管理学的导读部分，主要从行政管理学的学科定位及发展现状、历史发展、研究内容和学习方法等对行政管理学进行了介绍。通过对本章学习，应该了解什么是行政管理学、行政管理学的发展历史、行政管理学的研究内容以及行政管理学的学习方法。

首先是行政管理学的定义及发展现状。通过总结概括国内外学者的研究，我们给出行政管理学的定义是：研究国家行政机构的设置及其运转规律的科学。具体地说，就是以有效地管理国家事务、为社会提供优质服务为目的，以系统地研究行政管理组织原则和活动规律为内容的一门科学。它的研究对象是国家行政管理活动，以及组织、领导、决策、人事、财务、监督等各种要素在行政管理中的作用及其相互关系。经过几代人的不懈努力，我国在行政管理学上取得了非凡的成就，但同时我们也要认清目前存在的不足，以鞭笞我们之后的年轻人更加努力地学好行政管理学，推动我国行政管理学的研究和发展。

其次是行政管理学的发展历史。从 20 世纪初到目前为止，不过发展一百余年，行政管理学是比较“年轻”的学科，但是取得的成就却是硕果累累。从泰勒的科学管理理论到马斯洛的需求层次理论、从巴纳德的系统组织理论再到公共选择理论、新公共管理理论等，行政管理学在一批又一批优秀专家学者的努力下不断地完善和发展。

最后是学习行政管理学的方法。一是要解决基础知识的储备问题。例如：心理学、经济学、政治学、社会学、历史学、哲学、经济学、逻辑学、伦理学、数学等。二是要根据其特点，讲求方法，对症下药。例如：传统的教师讲授学生认真听、读的学习方法、观察和体验的学习方法、模拟代入的学习方法等。

2.4.2　典型案例分析

案例一

楼市限购令实行 3 年可能取消？地方有自主权❶

限购——这个房地产市场调控政策，曾被视为抑制房价上涨的利器，也曾因其行政色彩而引发争议。

2014 年 5 月 23 日，有媒体报道了“住建部人士表态：除北上广深外，其他城市限购可自行调节”的消息，在网上传得沸沸扬扬。放松限购的传言，再一次证实了楼市的“盛极而衰”已然到来，地方政府在增加财政补贴、降低买房落户门槛、加大公积金支持等“擦边球”之外，不排除会有更实质性的扶持政策。

❶　吕思言．楼市限购令实行三年可能取消？地方有自主权［OL］．http：//www.chinanews.com/house/2014/05－24/6207862.shtml.

上海证券报报道称，影响中国房地产数年之久的限购政策即将淡出。

根据上海证券报的报道，除北上广深之外，其他城市的限购政策可以自行调节，尤其是库存过大的地方，这意味着除四大一线城市之外的几十个限购城市，有可能全面松绑限购政策。

住建部的权威人士向上海证券报记者确认，这个政策方向和趋势已经明确，但具体是否发文、何时发文，相关部门还需等待中央态度。在决策层看来，一线城市目前还很难在近期松绑限购，因为之前房价上涨过快，且目前还没有见到明显的房价下降或市场调整。

中国证券报记者进一步采访了住建部政策研究中心相关负责人。这位负责人表示，"限购令本身就是短期政策，从长远看必然要退出市场，至于在什么时间、以什么方式退出要根据市场形态而定。对限购的任何调整都需要有两个前提，即不会影响市场预期、不会造成市场大幅波动。"

地方有无权力自行决定取消限购？扬子晚报记者采访的诸多业内人士，都给出了肯定的答复。南京房地产开发建设促进会秘书长张辉明确表示，当初限不限购就是地方自己决定的事情，文件也都是由每个城市单独下发的，全国只有46个城市在限购。反过来，如果现在要取消或松绑，地方政府也应该有自主权。

面对房地产市场回调态势，市场出现两种声音。一种舆论认为，政府应积极介入，采取反制措施，防止房地产市场出现大崩盘。另有专家则认为，挤泡沫过程在所难免，政府应当慎用调控，更多由市场自发做出调整。

惠誉国际评级机构在近期研究报告中说，房地产市场放缓是构成中国经济超预期下滑的最大风险，但中国政府眼下仍握有强大的政策工具应对可能的危机。

尽管如此，巴克莱银行认为，中央政府近期仍可能放任房地产市场进一步回调，不以刺激楼市换取经济增长。换言之，中央政府的着眼点不再是"救市"，而是"借势"，在充分利用市场力量的同时改进调控方式和切入角度。

不少海外媒体注意到，中央政府对房地产业的调控展现出新思路：从全国"一刀切"式的行政强约束，到更强调分类调控和长效机制建设的市场化管理模式。一线城市着力"去投机""去杠杆"，二线城市如出现库存量大、量价齐跌等情况，则给予地方政府更大自由裁量权。

案例分析

该材料反映了，在社会主义市场经济环境下，中央给地方适度的自主行政权力，因地制宜，根据各地实际情况来发展经济的情况。体现了中央与地方权力的划分既要保证中央政府有足够权威来实现统一领导，又要保证地方政府应有的自主性和创造性，从而使中央和地方两方面的积极性都得到充分的发挥，以适应我国改革开放和现代化建设的需要。

事实上，限制、投机性购房这并非长久之计，如果长期实行，肯定会扭曲市场关系，这种直接干预市场的调控方式只能是一种中短期政策，加快保障性住房的建设，目前已经成为房地产调控的一种长期性政策指向。

楼市限购令最一开始是中央就全国经济情况做出的宏观调控。是为了使房屋的建设符合城市的整体规划，并且也是为大多数家庭的居住环境考虑。限购政策的强势推出与其说是一种给楼市降温的权宜之计，更大程度上讲，其实是在为深层次的房地产调控争取时间，然而，随着房地产市场的不断规范和有序发展，这个政策对于个别地方的经济发展却起到了限制作用。取消楼市限购，可以激活房地产市场，让房地产带动下游产业的复苏，需要地方政府根据自身情况进行合理的调控。

事实证明，中央政府给予地方政府更大自由裁量权，分类调控和长效机制建设的市场化管理模式有助于全国经济的良好运营。我们也可以从这个案例中收获以下几点启示：

(1) 要正确划分中央与地方的事权。加强地方财权，对于调动地方积极性，繁荣发展地方经济有很大作用。楼市限购令是一个短期政策，从长远看必然会退出市场，这就需要地方政府根据各地实情进行合理调整。

(2) 中央向地方下放权力应区别对待。要立足中国国情，实施有区别的政策，力求调动各个地方的积极性。对于一些一线大型城市，为了维护房产市场的稳定，限购令不能松。而一些二线、三线城市，则进行适度松绑，有助于经济整体良好运行。

(3) 中央向地方放权的同时，必须加强和维护中央的权威，反对和防止地方滥用自主权和搞地方保护主义。在楼市限购令松绑的同时，地方政府要遵守中央的法律法规，依法行使自己的自主权，适当放权给市场，促进经济良好运行。

案例二

战“疫”当前，失职失责必问责❶❷❸

据新华社报道，湖北省武汉市近日对确诊还未住院的新冠肺炎重症患者进行集中收治转运过程中，该市武昌区由于工作滞后、衔接无序、组织混乱，不仅转运车辆条件差，街道和社区工作人员也没有跟车服务，导致重症病人长时间等待继而情绪失控。中央赴湖北指导组就此约谈了武汉市副市长、武昌区区长等3人。

“应收尽收是防控新冠肺炎疫情的关键，要把好事办好，怎么能把好事办坏？这些负责转运危重和重症病人的党员干部为什么不跟车？现在的武汉就是战时状态，这些人的行为十分恶劣。”

10日晚，在中央赴湖北指导组约谈会上，国务院副秘书长、国务院办公厅督查室主任高雨的诘问一针见血，也透出事态的严重性。办公桌对面，接受约谈的武汉市武昌区区长余松边听边记、脸色通红。这是一场针对武汉疫情防控工作中暴露出的突出问题开展的紧急约谈。9日，武汉市对确诊还未住院的新冠肺炎重症患者进行集中收治。有关中央媒体记者跟踪采访发现，当晚在将患者转运至武汉同济医院中法新城院区的过程中，武昌区由于工作滞后、衔接无序、组织混乱，患者的愤怒，司机的无助，还有负责干部的不见人影，引来了中央赴湖北指导组的约谈，也引起了全国人民的震怒。

❶ 王贤．战“疫”当前，失职失责必问责［OL］．http：//www.gov.cn/guowuyuan/2020-02/11/content_5477512.htm.

❷ 舒圣祥．不能让失职失责成为疫情防控漏洞［OL］．http：//newspaper.jcrb.com/2020/20200218/20200218_005/20200218_005_2.htm.

❸ 连正．武汉查处一批疫情防控失职失责案件　多名干部受处分［OL］．http：//news.jcrb.com/jszx/202002/t20200225_2118753.html.

"对这一事件，中央指导组的意见是：区政府和街道要向这些患者挨个赔礼道歉，对相关责任人根据党纪政纪严肃问责。另外，作为区长、作为指挥长，在这件事上你应该负什么责任，要向上级写一份深刻检查。"高雨说。"得知 9 日晚的事件，我非常痛心，我们有责任，一定深刻检讨。"余松说。随后，中央指导组又先后约谈了武汉市副市长陈邂馨、武汉市洪山区区长林文书。"对 9 日晚武昌区发生的事件，武汉市要督促武昌区认真整改，市里要以此为戒，也要深刻反思；并举一反三，把老百姓反映的问题逐一梳理、落到实处，并对有关人员严肃问责。"中央指导组同志说。"这个事我们有责任，我们马上落实中央指导组要求，做好善后。"陈邂馨回答。"我们收集了近期有关应收尽收的问题线索，洪山区有 200 余条；你们是不是工作不够细，还没做到位？"中央指导组同志约谈洪山区区长林文书时说。"这段时间我们克服了许多困难，也做了不少工作，但也有做得不到位的地方，回去后我们马上对照问题一一整改，补齐短板。"林文书回答。约谈进行了一个多小时。约谈对象表示，"回去我们要马上行动起来，对照这些问题狠抓落实、狠抓整改"。

2 月 10 日晚，中央赴湖北指导组紧急约谈后，武昌区政府领导 2 月 11 日到武汉同济医院中法新城院区重症监护病房，向 2 月 9 日晚因武昌区所辖街道工作人员工作失职，而未能及时妥善安置的重症病人代表当面道歉。同时进行的，是责令相关街道负责人逐一对受影响患者电话道歉，对受影响患者家庭也逐一道歉。

中央指导组参与约谈的同志说，针对当前防疫工作暴露出来的突出问题，我们就是要及时进行约谈，及时敲响警钟。约谈也是给广大干部释放一个强烈信号：战"疫"当前，失职失责者，必将受到严肃问责。每一位党员干部都要紧张起来，迅速进入战时状态，真正把人民群众的生命安全和身体健康放在第一位。

此后，武汉又查处一批疫情防控失职失责案件，多名干部受处分。据湖北省武汉市纪委监委 2 月 16 日通报，因在疫情防控工作中不认真履职尽责，武汉市洪山区政府副区长王在桥、青山区政办四级调研员张德芳以及多名社区居委会干部，分别受到党内严重警告、政务降级等处分。通报指出，作为洪山区疫情防控指挥部副指挥长、医疗救治组组长，王在桥不认真执行上级集中隔离新冠肺炎感染者密切接触人员的决定，导致大量密切接触者未被及时集中隔离；未督促开展全区病毒消杀专业培训及技术指导，导致集中隔离点病毒消杀不规范不彻底，增大交叉感染风险；医疗救治工作协调不力、衔接不到位，发生部分患者送医院救治过程中长时间滞留；落实"应收尽收、应治尽治"工作要求严重不到位，大量患者未及时入院收治，造成恶劣影响。王在桥因严重失职失责问题受到政务撤职处分，相关手续按法律规定办理。

1 月 21 日，青山区政协四级调研员张德芳在未履行请假手续、未向组织报备情况下擅自离汉，在工作人员 6 次联系时均隐瞒外出去向，直到 2 月 2 日才向组织承认外出。纪检监察机关决定给予张德芳党内严重警告、政务降级处分。青山区政协党组织履行监督管理主体责任不严格，负有领导责任的区政协党组副书记、副主席杨迎春受到诫勉处理，区政协党组书记、主席乐敏霞受到批评教育、责令作出检查；负责机关干部人员管理的区政协党组成员、秘书长、办公室主任田丽萍失察失管，受到党内警告处分；区政协办公室副主任、机关党支部书记李军疏于对党员监督管理，受到党内警告处分。

按照统一工作安排，武汉市建筑工程质量监督站安排 8 名工作人员轮流到武昌区杨园街电力新村社区帮扶防疫工作，2月7日至2月11日工作人员未到岗。武汉市纪委监委约谈监督站党总支书记徐久平、站长彭青顺；负责安排帮扶工作的政工科科长王领没有安排落实干部职工下沉社区帮扶工作，受到党内警告处分。

通报称，硚口区长丰街正康社区向街道漏报辖区居民程某为新冠肺炎疑似病人信息，街道、社区未有效组织治疗，程某在家自缢身亡，造成严重不良影响。正康社区居委会党支部书记涂樱、副主任吴爱勤明知程某病情却未按规定合理处置，漏报信息致使街道未能及时采取必要措施，分别受到党内警告处分；街道二级调研员孙遂义履行包保社区职责不到位受到诫勉处理；街道工委书记徐启平统筹不够、工作不细致深入被责令作出检查。

为实现“应收尽收，不漏一人”，武汉市政府发布数据称，截至2月9日，已排查3371个社区，共421万户1059万人，户数排查百分比达到98.6%，人数排查百分比达到99%。这个数据的得来，少不了很多基层干部的辛勤付出，但与此同时，数据的准确性，也有赖于基层干部的诚实负责。倘若某些基层干部像被曝光的那样转运重症病人，他们又会是怎样入户排查的呢？

从战“疫”开始到现在，对武汉各种问题的质疑，实则已有很多。比如这个99%的排查率，就有人反映，有些只在楼梯口贴条了事，根本没有逐一排查。有网友说，“到现在都没人问体温，我们小区就是那1%”；还有的说，“我问了10余个武汉人，仅1人接到过社区电话”……存在类似质疑，也许不能直接说明什么，但这么多1%的声音冒出来，至少值得关注。

都什么时候了，某些地方还在搞“填表抗疫”之类形式主义，被媒体曝光和炮轰！让人忧虑的是，武汉排查99%人口的过程中，会否也存在类似现象？一般的投机取巧与形式主义也便罢了，疫情排查不到位，却是重大防控隐患，否则何以做到“应收尽收，不漏一人”？

打赢疫情防控阻击战，基层党员干部积极作为异常重要。不同的防控态度和作为，将带来不同的防控效果。几天前，网传无人感染的武汉最牛小区，就是因为物业采取了“教科书式”防护行动。同样的道理，唯有更多基层单位将工作做细、做到位，方能确保尽快打赢疫情阻击战。

战“疫”防控当前，每一次弄虚作假，每一次形式主义，每一次好事办坏，每一次失职失责，都是疫情防控的重大漏洞。疫情就是军情，失职就是逃兵。凡失职失责者，必须严肃问责。只有对失职失责“应查尽查，不漏一人”，防疫抗疫才能真正“应收尽收，不漏一人”。

案例分析

行政问责制，是指特定的问责主体针对各级政府及其公务员承担的职责和义务的履行情况实施的、要求其承担否定性后果的一种责任追究制度。行政问责制的本质在于对公共权力进行监督和责任追究，就是以明确的指向、刚性的措施、有效的手段、快速的反应来监督和约束政府的权力，确保领导干部和公务人员依法办事。材料中，中央赴湖北指导约谈武汉市副市长、武昌区区长等3人，以及对武汉其他官员在疫情防控失职失责行为的处分，都是行政问责制的体现。而政府执行力通常是指政府各部门或各部门官员贯彻国家和政府的战略思路、方针政策和方案计划的操作能力和实践能力，也就是说把国家和政府的意图、规划转化为现实的能力。在案例中就是指武汉市各部门以及相关领导人应积极贯彻党中央对疫情防控工作的方针和政策。我们可以看到，党中央对武汉市个别官员在疫情防控工作中的失职行为进行了及时处理，并给出了严重的惩罚。武汉政府迅速对受影响的家属进行道歉，并对防疫工作进行了整改，得到了群众的支持和理解，对之后的防疫工作开展起到了重大的作用。因此，我们能看到，健全的行政问责制度可以加强对政府执行的有效监督和约束，从根本上防止权力滥用和行政不作为，切实提升政府执行力，并且有助于在作为公共服务提供者的政府部门和作为服务受众的市民之间建立起良性互动关系，从而化解不必要的矛盾和误解，推动和谐社会的建设。

政府执行力是政府工作的生命力，是保证政令畅通的迫切需要。在新的形势下，我们要以高度的历史责任感、强烈的忧患意识和宽广的时代目光，创新求实，切实提高政府行政管理的执行力。

影响政府的执行力有主观因素和客观因素。从执行力的主观因素看，要想提高政府的执行力首先应提高政府决策者和执行者的综合素质。从案例中可以看到，武汉市个别政府部门没有在疫情防控期间履行好自己部门的职责，疏忽职守，造成严重的社会后果。虽然在被中央赴湖北指导小组问责之后有认真的分析事故发生的原因，并及时向公众道歉。但依然可以从中看到，当今我国政府部门的领导人员综合素质并不是很高，投机取巧以及形式主义现象严重，社会责任感严重缺失。所以从主观上看，提高政府领导的个人素质有利于政府执行力的提高。这就要求我们在公职人员考核和培养过程中，除了要对国家政策的解读、对当下所处情况的判读以及对突发公共事件的控制外，也要注重对公职人员社会责任感的培养。只有心系国家，心系人民，全心全意为人民服务的官员才是合格的人民公仆。

而从客观上看，影响政府的执行力有外界的压力、法律及政策的约束、一些不可预计的阻力因素。在案例中，党中央对武汉政府的问责，对一部分疏忽职守的官员进行处分，以及社会各界通过网络对此次事件的谴责和发声等行为都最终促使了武汉政府进行及时的整改，悬崖勒马、亡羊补牢，最终有效地解决了此次事件，维护了政府的公信力。因此，我们可以看出，外界的压力以及法律和政策的约束（也就是行政问责制度）也有利于政府执行力的提高。

从这个案例中我们能得到以下几点启示：

疫情就是命令，防控就是责任。当前，新型冠状病毒感染的肺炎疫情仍处于防控关键时期，本案例中，武汉市副市长、武昌区区长以及多名处于政府部门重要职位的领导人员，作为负责疫情防控工作的直接责任人，大局意识不强、对党中央关于疫情防控有关部署要求没有及时落实；余松作为武汉市副市长，是武汉市疫情防控工作的第一责任人，政治意识淡薄，未能履职尽责，造成了严重的社会后果，严重违反了工作纪律，理应受到严肃问责。

作为其他处于政府重要职务的党员干部，要从中汲取教训、引以为戒，严格按照疫情防控要求，各司其职、积极作为，充分发挥先锋模范作用，全力做好新型冠状病毒感染的肺炎疫情防控各项工作。各级党组织要深入贯彻落实习总书记关于疫情防控和经济社会发展工作的重要指示批示精神，把人民群众生命安全和身体健康放在首位，把疫情防控工作作为当前最重要的工作来抓。纪检监察机关要把做好疫情防控监督工作作为重大政治责任，持续加强明察暗访，强化执纪问责，对违反上级党委及本企业党委关于疫情防控工作安排部署的，发现一起，严查一起，依纪依法追究相关单位和个人责任，对典型问题一律公开通报曝光，确保疫情防控工作部署得到精准有效落实。

思考题

1. 你认为新时代下服务型政府有哪些特征？
2. 你认为如何更好地实行具有中国特色的行政体制改革？
3. 你认为如何更好地完善政府问责制度？

进一步学习导引

1. 推荐阅读

(1)《行政学之研究》(威尔逊)。
(2)《政治与行政》(古德诺)。
(3)《科学管理原理》(泰勒)。
(4)《工业管理与一般管理》(法约尔)。
(5)《经济与社会》(马克斯·韦伯)。
(6)《管理行为》(西蒙)。
(7)《决策过程》(林德布洛姆)。
(8)《美国公共行政的思想危机》(奥斯特罗姆)。
(9)《官僚制与公共经济学》(尼斯坎南)。
(10)《官僚机构：政府机构的作为及其原因》(詹姆斯 . Q. 威尔逊)。
(11)《公共服务的制度建构》(奥斯特罗姆)。
(12)《同意的计算：立宪民主的逻辑基础》(布坎南，塔洛克)。
(13)《公共选择理论》(缪勒)。
(14)《公共行政学：管理、政治和法律的途径》(罗森布鲁姆)。
(15)《公共行政学：概念与案例》(R. J. 斯蒂尔曼)。
(16)《公共组织理论》(罗伯特·登哈特)。
(17)《集体行动的逻辑》(曼瑟尔·奥尔森)。
(18)《公共部门人力资源管理：系统与战略》(罗纳德·克林格勒，约翰·纳尔班迪)。
(19)《公共行政学研究》(怀特，亚当斯)。
(20)《公共行政的精神》(弗雷德里克森)。
(21)《行政管理学》(夏书章)。
(22)《行政管理学概论》(张国庆)。

2. 主要课程

不同高校行政管理专业的主要课程因其特色各有不同，华北电力大学行政管理学的专业核心课程包括政治学原理、管理学原理、公共行政学、社会学、人力资源管理、公共组织学、公共政策分析、领导科学、政府经济学、地方政府学、当代中国政治制度、比较政治制度、公共管理学、公共关系学、办公自动化、电子政务等。

3. 网站资源（排名不分先后）

（1）中国行政管理学会：http：//www. cpasonline. org. cn/gb/

（2）美国公共行政学会：https：//www. aspanet. org/

（3）香港公共行政学会：https：//www. hkpaa. org. hk/

（4）中国政府网：http：//www. gov. cn/

（5）中国机构编制网：http：//www. scopsr. gov. cn/

（6）人民网：http：//cpc. people. com. cn/

（7）环球视野：http：//www. globalview. cn/

（8）国家行政学院：https：//www. ccps. gov. cn/

第3章

社会保障学概论

3.1 社会保障学学科定位

3.1.1 社会保障概述

1. 社会保障概念

国际劳动组织（International Labor Organization，ILO）较早对社会保障的概念进行了界定。1944年，第26届国际劳工大会发表的《费城宣言》正式使用“社会保障”这个概念。国际劳工组织对社会保障做出的界定是：“社会通过采取一系列公共措施来向其成员提供保护，以便与由于疾病、生育、工伤、失业、伤残、年老和死亡等原因造成停薪或大幅度减少工资而引起的经济和社会贫困进行斗争，并提供医疗和对有子女的家庭实行补贴”❶。可见，国际劳动组织主要是从劳动保护的角度来界定社会保障。

由于世界各国的国情不同，其对社会保障的理解存在一定的差异。即使在一国之内，由于不同历史时期的经济社会发展状况差异，不同学者之间的研究视角和研究取向差异等原因，人们对社会保障的理解也存在一定的差异。社会保障（Social Security）一词最早见于1935年美国颁布的《社会保障法》。美国将社会保障视为安全网，旨在对于因年老、长期残废、死亡或失业而失掉工资收入者提供保障，同时对年老和残废期间的医疗费用提供保障。老年、遗属、残废和健康保险计划对受保险的退休者或残废者和他们的家属，以及受保险者的遗属，按月提供现金保险待遇❷。美国对于社会保障的理念是：“穷人靠政府，其他人靠自己”。因此，美国社会保障的目标是避免公民因种种原因无法生存，解决一个较低标准的社会生存问题。德国是社会保险制度的发源地，其对社会保障的理解主要是基于社会市场经济理论，认为社会保障是为因生病、残疾、老年等原因而丧失劳动能力或遭受意外而不能参加市场竞争者及其家人提供的基本生活保障，目的是通过保障使之重新获得参与竞争的机会❸。英国根据贝弗里奇起草的《社会保险及相关服务》，在第二次世界大战结束后建立了世界上第一个现代福利国家。贝弗里奇认为：“社会保障是一种收入保障制度，替代因失业、患病或出现事故而中断的收入；为年老退休者发放待遇；为抚

❶ 国际劳工局社会保障司．社会保障导论［M］．管静和，张鲁，译．北京：劳动人事出版社，1989．

❷ 王玉先．外国社会保障制度概况［M］．北京：中国工人出版社，1997．

❸ 林闽钢．现代社会保障［M］．北京：中国商业出版社，1997．

养人死亡后失去生活来源提供待遇；解决因出生、死亡、婚姻等发生的额外生活支出”[1]。基于福利国家理念，英国实际上是将社会保障视为以国家为主体的公共福利计划，社会保障也被赋予了普遍性原则。

日本作为典型的东亚福利国家，社会保障被理解为一种社会主体的社会互济制度。1950年，日本内阁总理大臣咨询机构——社会保障制度审议会所形成的《关于社会保障制度的建议》中，将社会保障定义为：“对疾病、负伤、生育、残障、死亡、失业、子女多以及其他原因造成的贫困，从保险方法以至国家直接负担方面提供经济上的保障；对陷入生活困境中，通过国家救助，给予最低限度的生活保障；与此同时，努力增进公共卫生和社会福利，以期全体国民都能切实享有有文化的社会成员应当享有的生活”[2]。中国学者对社会保障也有自己的看法。郑功成认为，社会保障是国家或社会依法建立的、具有经济福利性的、社会化的国民生活保障系统。社会保障是各种社会保险、社会救助、社会福利、军人福利、医疗保障、福利服务以及各种政府或企业补助、社会互助等措施的总称[3]。与西方发达国家相比，由于受制于经济发展水平等原因，中国对社会保障的理解仍然偏窄。

尽管不同国家和组织对社会保障概念的理解有差异，但从以上的梳理可以发现一些共同特征。

（1）社会保障制度的责任主体是国家或政府，由国家来具体承担社会保障项目的组织、实施和管理工作。

（2）社会保障制度得以实施的前提是相应的立法。社会保障涉及国民收入再分配和每个国民的切身利益，因此需要依据立法先行的原则，通过法制来确立和实施社会保障的各个项目。

（3）社会保障制度的目标是满足公民的基本生活需求，保障公民的基本生活权利。通过社会保险、社会救助和社会福利等项目，避免社会成员因遭遇暂时或永久丧失工作能力、收入无法维持必要生活水平的而陷入困境。

（4）社会保障的本质是国民收入再分配。社会保险、社会救助和社会福利等项目的资金主要来源于通过缴费或缴税等方式形成的财政资金或专项基金，因此其本质都是国民收入再分配。

综上所述，社会保障是指国家通过立法进行国民收入再分配，对因年老、疾病、工伤、失业、生育等原因暂时或永久失去劳动能力，以及其他社会风险导致生活困难的社会成员给予现金、物质或服务帮助，以保证其基本生活，维护社会稳定并促进社会协调发展的制度。

2. 社会保障的目标和功能

（1）社会保障的主要政策目标包括维持贫困人员的基本生存、改善国民生活、增加国

---

[1] 贝弗里奇．贝弗里奇报告——社会保险和相关服务［M］．劳动和社会保障部社会保险研究所，译．北京：中国劳动社会保障出版社，2008.

[2] 吕学静．日本社会保障制度［M］．北京：经济管理出版社，2000.

[3] 郑功成．中国社会保障论［M］．北京：中国劳动社会保障出版社，2009.

民福利、维护社会公平进而促进社会稳定发展。在实践中，社会保障的政策目标从低到高可以分为以下层次：

1）帮助国民摆脱生存危机。由于天灾人祸、失业、疾病等各种原因，部分国民可能会陷入生活贫困的境地，因此需要相应的制度来解除国民的生存危机，这是社会保障的基本目标。

2）满足国民生活保障需求。随着社会的发展，人们对社会保障的需求也不断发展。在满足最低食品保障之后，人们还会要求相应的精神、文化、教育福利等。例如，人口老龄化社会，人们不仅要求有养老金，而且对各种老年人福利服务有强烈需求。这是社会保障更高层次的目标。

3）实现整个社会的和谐发展。社会保障由社会保险、社会福利、社会救助等多个子系统构成，其目标并不只是解决某些社会问题和增进国民福利，还要促进整个社会的和谐发展。❶

（2）从微观个体层面来看，社会保障主要是通过实行社会保险、社会救助和社会福利项目等，使国民在面临生、老、病、死等社会风险时不至于陷入困境，能够保障人民生活安全的功能。从宏观层面来看，社会保障可以调节国民收入不均、缓和社会矛盾，是社会政治的稳定剂和经济发展的催化剂。具体说来，社会保障的主要功能包括以下方面：

1）稳定功能。稳定社会是社会保障最核心的功能。1601年英国颁布的《济贫法》，德国俾斯麦首相创立社会保险制度，以及美国1935年颁布的《社会保障法》等，无一不是首先着眼于社会稳定。现代社会的社会成员面临着各种风险，包括年老、疾病、工伤、失业、生育、贫困等，这些可能导致部分社会成员失去基本生活保障。而现代社会的这些风险并非完全是个人原因所致，更多的是由于社会变迁和经济波动等原因造成。在这种情况下，如果没有国家介入，部分社会成员可能会因为生存危机铤而走险，成为社会不稳定因素，社会秩序可能因此失去控制。通过建立社会保障制度，国家可以帮助社会成员获得安全和发展的基本保障，从而实现稳定社会。正因为这个原因，社会保障又被称为社会“稳定器”或“减震器”。

2）调节功能。社会保障具有很强的收入调节功能。社会保险可以通过累进的方式向高收入阶层征收更多的社会保险金，同时也以累进的方式向贫困者提供更多的资金资助，进而调节不同阶层的收入分配。社会保险还可以向在职劳动者筹集保险费（税），然后在劳动者遭遇年老、工伤、疾病、失业等社会风险时支付待遇，可以实现个人生命周期和不同代际之间的收入调节。社会救助和社会福利项目以政府现金转移支付的方式直接向特定群体（例如，贫困家庭、残疾人、老年人和儿童等）给予资助，这也是一种宏观层面的收入调节。社会保障的收入调节功能有助于克服社会分配不公平、缩小贫富差距，并缓和社会矛盾。除此以外，社会保障还可以调节经济运行。社会保障又被称为经济运行的“蓄水池”，具有调节供求关系的作用。在经济萧条时期，失业人员大幅增加并导致消费能力下降，从而影响社会需求。在这种情况下，政府可以增加社会保障支出以刺激总需求。例如，通过增加失业保险金和社会救助支出，增强低收入和贫困人员的购买力，这在一定程

❶ 郑功成．社会保障学［M］．北京：中央广播电视大学出版社，2004．

度上可以刺激消费，促进经济增长和经济恢复。相反，在经济繁荣时期，政府可以减少社会保障支出，缓解社会需求的膨胀，使社会总需求和社会总供给达到平衡。

3）促进功能。社会保障还具有促进社会发展的功能。社会保障通过社会保险和社会救助等项目可以使得劳动者在遭受疾病、失业、工伤、灾祸等风险时获得基本保障，保证他们的健康和劳动能力，为其重新返回劳动力市场创造条件，从而促进了劳动力再生产。社会保障提供社会化的社会保险，可以将劳动者的社会保险待遇与就业单位分离，从而促进劳动力的自由、合理流动，有利于促进劳动力市场的形成。社会保障通过化解个人生命历程中的劳动风险和社会风险，促进社会成员之间及整个社会的协调发展，实现社会运行的良性循环。

3. 社会保障历史发展

在传统农业社会，家庭是社会的细胞，它既是生产单位，也是生活单位。人们在遇到疾病、伤残、年老、生育以及灾害等而造成暂时或永久失去劳动能力或发生生活危机时，主要靠家庭成员帮助或亲朋邻里照应渡过难关。从总体上讲，人类社会进入近代工业革命以后，由于生产的社会化导致社会风险的社会化才催生了社会保障。一般认为，现代社会保障的产生是以 1601 年英国伊丽莎白时代颁布《伊丽莎白济贫法》为标志。社会保障之所以发端于英国与其工业革命之后的社会现实密不可分。从 16 世纪到 17 世纪，英国农村出现了大规模的圈地运动，使得大批农民失去了土地，他们不得不背井流落到城市。由于工作机会有限，很多流入城市的农民沦为乞丐和流浪者，生活因此陷入贫困。同时，产业革命下的机械化大生产代替了传统手工业生产，造成了大批手工业者失去了原来的工作。这些失业人员与流落在城市的贫困农民对政府和社会极其不满。为了生活，他们造成了大量城市抢劫、偷盗等一系列治安问题。为了稳定社会和政局，英国于 1601 年颁布并实施了《伊丽莎白济贫法》，以救济穷人。《伊丽莎白济贫法》之所以被视为现代社会保障的开端，主要是因为它以税收的方式筹集资金，并确立了以国家为责任主体的社会救助原则。另外，政府在全国范围内实施济贫，具有实施对象的普遍性。

德国社会保险制度的产生标志着现代社会保障制度的确立。19 世纪中叶，德国境内工人运动迅速发展，劳资矛盾十分尖锐。为了缓和阶级矛盾，德国当时的俾斯麦政权在镇压工人运动失败后，转而采取“胡萝卜”政策。同时，当时德国境内的“新历史学派”主张社会改良政策。该学派认为，国家应该直接干预经济生活，负起“文明和福利”的责任。国家必须通过立法，实行包括社会保险在内的一系列社会政策，自上而下实行经济和社会改革。俾斯麦政权认同并采用了新历史学派的政策主张，并于 19 世纪 80 年代德国颁布包括《疾病社会保险法》《工伤事故保险法》《老年人和残障社会保险法》等在内的一系列社会保险相关法令。以此为标志，世界上开始有了社会保险制度。

20 世纪 30 年代，西方主要资本主义国家发生了严重的经济危机。当时的世界性经济危机最早产生于美国，并且造成美国大规模的企业破产、大量工人失业并陷入贫困。同时，美国也爆发了多次大规模的工人运动，整个美国社会因此动荡不堪。到 1933 年罗斯福担任总统以后，接受并采纳了凯恩斯的主张，美国开始实施“新政”。“新政”强调通过干预经济生活来刺激社会总需求，而实行完善的社会保障制度是刺激社会总需求的重要手段之一。在这种情况下，美国于 1935 年颁布了《社会保障法》。美国的《社会保障法》是世界上第一部关于社会保障方面的综合性法律，标志着美国从临时性私人慈善向政府主导的永久性社会保障转变，也奠定了美国社会保障制度的基本框架。

第二次世界大战以前，虽然社会保障在西方资本主义国家发展很快，但仍然不是很完善。当时资本主义国家社会保障的理念局限于济贫和社会稳定，不仅保障项目少，而且待遇支付标准偏低。直到第二次世界大战结束以后，资本主义世界的社会保障事业发展才进入了黄金时期。第二次世界大战后期，英国在战争尚未完全结束的情况下就开始探讨战后重建以及如何改进社会福利体系问题。当时，贝弗里奇勋爵接受英国政府的委托，组织了一个小组对英国的社会保障制度状况进行了调查，并于1942年提出了《社会保险和相关服务》，又称《贝弗里奇报告》。该报告制定了一套对英国全体公民实行福利制度的指导原则，设计了“从摇篮到坟墓”的福利措施。《贝弗里奇报告》建议社会保障计划应包括满足基本需要的社会保险、对特殊情况的国民补助以及满足中高收入国民需要的自愿保险三个层次。这份报告对整个资本主义世界的社会保障制度建设产生了深远的影响。1948年7月英国宣布建成了人类历史上第一个“福利国家”之后，法国、奥地利、荷兰、瑞典、丹麦等西方发达国家纷纷按照英国模式实行“普遍福利”的政策，社会保障制度在20世纪50—60年代迎来了发展的鼎盛时期。

3.1.2 社会保障基本理论

1. 福利经济学

福利经济学在20世纪初形成于英国。它经过了旧福利经济学和新福利经济学两个发展阶段。旧福利经济学建立在基数效用论的基础上，代表人物是英国的庇古，他在1920年出版的《福利经济学》中第一次系统地论证了整个经济体系实现经济福利最大值的可能性。新福利经济学建立在序数效用论的基础上，代表人物是意大利的帕累托，他首先考察了“集合体的效用极大化”问题，提出了“帕累托最适度条件”。

《福利经济学》认为：福利指个人获得某种效用或满足。福利来自对财物、知识、情感、欲望的占有和满足，而所有社会成员的这些效用或满足的总和便构成了社会福利，以货币计算的那部分成为经济福利。经济福利的增大取决于国民收入总量的增大和分配平均程度。对个人而言，福利增大可以来自两个方面：一是个人的实际收入的增加；二是转移富人的货币收入给穷人。因此，为增进总体社会福利也有两个措施：一是增加国民收入总量，即把财富蛋糕做大；二是通过税收机制把富人收入的一部分转移给穷人，即把财富蛋糕分好。

福利经济学从理论上证明了为什么要通过收入再分配来增大社会的总体福利。但是，收入再分配并不是平均分配。庇古提出了合理实施社会保障再分配的一些基本准则，包括四个方面：一是社会措施不应以损害资本增值和资本积累为宗旨，否则会减少国民收入和社会福利；二是从富人那里转移收入到穷人时，“自愿转移”比“强制转移”好；三是不论哪种转移，都要防止懒惰和浪费；四是反对无条件补贴，最好的补贴是能够激励工作和储蓄的补贴，要先确定收补贴者能挣得自己的生活费的能力。

2. 凯恩斯主义

凯恩斯主义是建立在凯恩斯的著作《就业、利息和货币通论》的思想基础上的经济理论。凯恩斯主义主张国家采用扩张性的经济政策，通过增加需求促进经济增长。凯恩斯主义指出，总就业量取决于有效需求的大小、失业是由于有效需求不足造成的。所谓有效需求是指能够给资本带来最大利润量的社会需求或商品总供给价格与需求价格达到均衡的状态的总需求。由于边际消费倾向递减和资本边际效率递减规律的作用，资本主义总需求很容易不足，导致"非自愿失业"存在，而市场机制本身没有力量使总需求和总供给相等，这样不可避免出现萧条和失业。在这种情况下，只有通过国家干预才能实现资本主义经济充分就业。

国家在福利领域的干预有利于增加消费倾向、促进就业。具体的做法是：在经济萧条时，国家财政加大公共事业的投入（如社会保障、卫生，教育等领域），以此可以刺激消费，促进经济的增长；相反，在繁荣时期，国家财政可以减少社会保障等领域的公共开支，进而实现给过热的经济进行"降温"的政策目标。与福利经济学理论相比，凯恩斯主义的意义主要表现在两个方面：①福利经济学的干预论主要通过累积所得税转移一部分财富给穷人，而凯恩斯主义则论述了政府应该怎样干预、干预到什么程度；②福利经济学从伦理的角度来论证干预的必要性，而凯恩斯主义则从制度本身的角度来论证"充分就业"已不再是工人本身的问题，而是资本主义体系能否正常运行。

20世纪20年代末期，资本主义经济"大萧条"爆发后，整个资本主义制度面临着一场生死攸关的挑战。罗斯福新政与凯恩斯主义不谋而合，两者都主张国家对经济进行干预，促成了国家干预经济这一新的形式的出现，并在短期内缓解了资本主义大危机带来的灾难。凯恩斯主义在二战之后被更多的国家采用，一定程度上推动了发达资本主义国家进行福利国家建设。

3. 贝弗里奇福利国家计划

《贝弗里奇报告——社会保险和相关服务》是社会保障发展史上具有划时代意义的著作，它对英国、欧洲乃至整个世界的社会保障制度建设和发展进程产生过重要的影响。在第二次世界大战还没有结束的情况下，英国于1941年成立社会保险和相关服务部际协调委员会，着手制定战后社会保障计划。经济学家贝弗里奇爵士受英国战时内阁财政部长、英国战后重建委员会主席阿瑟·格林伍德先生委托，出任社会保险和相关服务部际协调委员会主席，负责对现行的国家社会保险方案及相关服务进行调查，并就战后重建社会保障计划进行构思设计。第二年，贝弗里奇爵士根据部际协调委员会的工作成果提交了题为《社会保险和相关服务》的报告，这就是著名的贝弗里奇报告。

报告分析了英国社会保障制度现状、问题，对以往提供的各种福利进行了反思，并系统勾画了战后社会保障计划的宏伟蓝图，确立了世界上第一个福利国家的基本框架。报告的第5章提出通过社会保险、国民救助和自愿保险三个层次保障人们的不同需要。同时，在明确养老金、保险金、补助金及补贴等基本概念的基础上，将全部国民分为雇员、从事有酬工作的人员、家庭妇女、其他有酬工作的人群、退出工作的老年人、低于工作年龄的子女的六个群体，分析了各群体的不同保障需求，并就其参保的待遇、缴费等有关问题进行了系统阐述。在报告的第6章详细讨论了子女补贴、全方位医疗康复服务和维持就业问题，提出把消除贫困作为战后的基本目标。即确保每个公民只要尽其所能，在任何时候都有足够的收入尽自己的抚养责任，满足基本的生活需要。

在贝弗里奇报告的基础上，英国政府于1944年发布了社会保险白皮书，基本接受了《贝弗里奇报告》的建议，并制定了《国民保险法》《国民卫生保健服务法》《家庭津贴法》《国民救济法》等一系列法律。如1946年颁布的《国民保险法》基本采取了报告的建议，规定参保人必须按照年龄、性别和婚姻及就业状况不同缴费，在业人员待遇按照同等比例确定，失业、生育、疾病、丧偶和退休等各项福利待遇都是如此。1948年，英国首相艾德礼宣布英国第一个建成了福利国家。贝弗里奇也因此获得了“福利国家之父”的称号。贝弗里奇报告和英国福利国家社会保障制度的实施，影响到了整个欧洲。瑞典、芬兰、挪威、法国、意大利等国也纷纷效仿英国，致力于建设福利国家。

3.1.3　社会保障学学科定位

1. 社会保障学科属性

社会保障是国家通过立法采取强制手段对国民收入进行分配和再分配，对基本生活发生困难的社会成员给予物质帮助，以保证社会稳定的一系列有组织的措施和制度。作为一项社会政策，社会保障直接关系到每个公民的基本权利，其制度设计和运行状况的好坏也直接关系到社会的和谐稳定。自20世纪90年代以来，伴随着民生问题逐渐成为我国政府和社会关注的重点，社会保障制度的重要性突显出来，社会保障学也开始走进大学教育的课程体系。社会保障学作为一门新兴学科，主要研究社会保障本质关系及其规律，培养社会保障及相关领域高级专业人才。具体说来，社会保障学要研究和分析社会保障有关理论，立足于基本理论分析社会保险、社会救助、社会福利、优抚安置等社会保障制度各个子系统及其相互关系。另外，现代社会保障制度也是一个系统性工程。社会保障学必须综合考虑经济、政治、文化和社会等因素，分析包括资金筹集、运营管理、待遇发放、监控评估、危机防范等在内的一整套业务流程，以保障社会保障制度的稳定运行。

社会保障学是社会工作、社会学、社会保障等专业的基础课程，也是公共管理类其他专业的专业必（选）修课程之一。它是一门吸收了经济学、社会学、政治学等多学科知识而发展起来的综合性学科，既具有很强的理论性，又具有很强的实践性。该课程要求学生在学习过程中既要掌握社会保障学的基本原理，又要重视理论和政策在实践中的应用，注重培养学生分析问题、解决问题的能力。从学科属性的角度来看，目前社会保障学是管理学门类公共管理三级学科，与土地管理、卫生事业管理、教育经济管理等并列。当然，这种学科属性定位有一定的缺陷，因为国内有的高校的社会保障本科专业不是都在公共管理学院，有的是在经济管理学院，有的是在劳动经济学院，还有的是在保险学院。很明显，这些学院的社会保障专业并没有清晰地定位公共管理领域。从理论上讲，社会保障学是一门综合的学科，由于研究角度的不同，社会保障所呈现出来的研究思路和特征也不一样。更重要的是，社会保障学的建立本身就吸收了经济学、社会学、政治学、法学等很多学科的营养，这使得社会保障学的学科定位并不是那么清晰。但从我国目前的学科情况来看，公共管理类学科最显著的特征是必须归属于政府管理或公共政策且是为了实现公共利益，只要是围绕这两者展开的都应该属于公共管理学科的讨论范畴。因此，当前中国的社会保障学归属于公共管理学科也就具有相当的合理性。

2. 社会保障学科特点

社会保障学作为一门独立的学科，虽然产生较晚，但已经形成了自己鲜明的特色，主要表现在以下方面：

（1）社会保障学是一门现代新兴学科。如果从1601年英国的《伊丽莎白济贫法》开始算起，那么社会保障学的历史只有400多年的历史。如果以德国1883年颁布《疾病社会保险法》开始算起，那么社会保障学的历史只有100多年的历史。[1] 而中国现代社会保障学的历史更短。计划经济时期中国的社会保障是一种国家—单位保障模式，不仅覆盖面窄，而且城乡分割、单位分割特征十分明显。一直到20世纪80年代中后期，我国才开始探索建立以养老、工伤和医疗保险为主体的社会保险制度，至今不过30多年。尽管现代社会保障在我国的历史较短，但是由于改革开放以后中国社会保障的实践活动在政府和社会的推动下飞速发展，社会保障学科也快速发展。此外，我国社会保障学在本土化的过程中具有了比较鲜明中的国特色和时代特色。例如，对社会保障相关概念的解释、理论体系和知识体系的建构等方面与西方发达国家就有一定的差异。因此，与其他学科相比较，社会保障学确实呈现出现代新兴学科的特点。

（2）社会保障学是一门综合性交叉学科。在社会保障学的形成和发展过程中，社会学、经济学、政治学、法学等学科的相关理论对之都有贡献。例如，福利经济学的创始人庇古、国家干预主义的提出者凯恩斯等的经济学理论是社会保障学理论的重要来源。社会学研究社会运行规律并致力于解决社会问题。社会学的很多理论，如贫困理论、功能主义理论、社会冲突理论、社会分层理论等，是构成社会保障学理论的重要基础。社会工作理论和方法主要应用于社会保障体系中的社会救助和社会福利。贫困群体如果只给予现金救助是不够的，社会工作通过福利服务供给帮助他们克服生活困难或生理、心理障碍以达到“助人自助”的效果。因此，社会工作是实施社会保障制度的主要方法之一。社会保障属于公共政策，也是西方社会政党博弈的重要工具，因此与政治学密切相关。另外，任何国家的社会保障政策实施都是立法先行，因此社会保障法也是社会保障学的重要研究课题。综上所述，社会保障学是在社会学、经济学、政治学、法学等多学科基础上发展起来的一门综合性的交叉学科。

（3）社会保障学是一门实践应用性学科。社会保障学更多的是一门政策学科而非纯理论学科，因而具有强烈的应用性和实践性特征。社会保障学把社会保障决策和业务操作的实践过程放在很重要的位置。随着社会保障事业的发展，社会保障在现实生活中的地位越来越重要，它的实践性也越来越强。社会保障实践与每个公民的生、老、病、死息息相关，社会保障工作的结果会直接影响老百姓的生活水平和劳动者素质的提高，也会影响到国家经济和社会各领域发展。总之，社会保障学源于实践的需要，是对社会保障实践的高度概括。反过来，社会保障学对社会保障的实践活动具有指导作用。因此，社会保障学是典型的实践应用性学科。

---

[1] 关于现代社会保障制度的产生时间有一定争议。一些学者认为英国的济贫制度只能算是现代社会保障制度的萌芽。19世纪80年代德国制定并实施相关社会保险法才是现代社会保障制度确立的标志。参见郑功成的《社会保障学》。

3.2 社会保障学的历史发展

3.2.1 社会保障学学科历史发展

社会保障学是高等教育学科体系中一门新型的综合性应用学科，它的建立和发展源于人类社会实践的需要。中国社会保障学的发展时间并不是很长，其学科渊源最早可以追溯到20世纪80年代末期，由武汉大学、中国人民大学等高校作为社会保险、社会工作和管理等专业的主干课程率先开设。1998年，原国家教委将社会保障学划归公共管理一级学科下属的二级学科。同年，劳动与社会保障专业被纳入重新修订的普通高等学校本科专业目录。1999年，教育部首次在高等学校中设置劳动和社会保障本科专业，武汉大学、中国人民大学等全国首批8所高校开始招收该专业的本科生[1]。

伴随着中国社会经济的发展，社会保障学作为一门与实践紧密相连的应用性学科，在经历了近30年的发展历程后，其学科地位得到了充分的肯定。目前我国高等院校几乎都开设了社会保障专业。社会保障学已经作为社会学、社会工作、行政管理、劳动与社会保障、公共事业管理、劳动经济、公共经济、人力资源管理等专业的主干课程或专业基础课。金融学、财政学、经济学、法学等专业还把该课程纳入专业的选修课程。由于社会保障学的课程内容关系到每个公民的个人福祉，有些高校还把该门课程纳入面向所有专业、全体学生的通识教育课程体系，以使学生在未来的日常生活和职业生涯中受益。总体看来，由于不同专业的侧重点不一样，社会保障学在高等院校开课和讲授情况也不相同。

（1）公共管理类专业的专业必修课。针对不同的公共管理类二级专业，社会保障学的课程安排有所区别。除了社会保障学之外，劳动与社会保障专业一般还有社会保险、社会福利与社会救助、社会保障基金管理、外国社会保障制度概况等后续课程。劳动与社会保障本科专业之外的行政管理专业、公共事业管理专业等则没有后续相衔接的课程。

（2）社会学类专业的专业必修课。社会保障学是社会学和社会工作专业的专业必修课。社会学是一个理论性较强的专业。因此，该专业的社会保障学课程强调理论性，重点阐释社会保障相关理论和社会政策理论内涵。社会工作专业是一个操作性非常强的专业。由于社会工作的对象主要是弱势群体，因此该专业的社会保障学课程会重点介绍面向贫困群体的社会救助、社会福利等方面的内容。

（3）经济学类专业的专业选修课程。经济学、财政学、税务学、金融学和保险学专业都开设社会保障学课程。因为社会保障是国家财政支出/税收的一部分，因此这几个专业应该会详细介绍社会保障与财政、税务和保险、社会保障与金融体系之间的关系。人力资源管理专业社会保障学课程应该侧重从企业的角度说明企业社会保险缴费的重要性及其实践，企业员工福利对企业人力资源管理的影响等[2]。

---

[1] 孟颖颖．社会保障学：挑战、定位与发展——基于学科建设的视角［J］．武汉大学学报（哲学社会科学版），2013（1）：5.

[2] 郑建明，李凤月，李国军．高校各类本科专业《社会保障学》课程教学体系探析［J］．教育教学论坛，2013（36）：2.

总之，目前各高校社会保障学没有统一的知识体系与课程设置规范。由于各培养单位师资队伍的学科背景与研究专长、学科专业的发展演进路线、学生知识模块与培养大纲等方面存在着较大差异，各高等院校在社会保障学的教学情况也有明显差异。例如，综合型院校偏重理论教学，在知识体系设计与课程设置上对学生的实践操作能力重视不够；财经保险类院校偏重专业性教育，侧重强化社会保障学与人力资源管理、企业管理类专业的相互糅合，在知识体系设计与课程设置上偏向学生的动手实践能力，理论教学的深度往往不够。

3.2.2　社会保障学发展困境及其与相关学科的关系

由于社会保障学在中国是一门新兴学科，并不像其他学科那样一开始就有科班出身的师资队伍。20 世纪 80 年代国内第一批研究社会保障学的学者大都来源于不同的专业背景，他们的理论基础主要包括古典经济学、马克思主义政治经济学、现代西方经济学、人口学等，具体包括马克思的“六个剩余”理论、列宁的“以国家保险为主体”的社会保障思想、马尔萨斯的人口理论、凯恩斯理论、福利经济学、新历史学派理论、新剑桥学派理论、达伦道夫的冲突理论、新自由主义经济理论等❶。这些西方理论再加上一些中国传统社会保障思想和实践，例如中国古代的宗教慈善思想、儒家大同思想，官办社会救济制度、民间慈善救助等，共同架构起了中国社会保障学学科的宏观理论框架，奠定了中国社会保障学学科基础。

进入 20 世纪 90 年代之后，伴随着中国改革开放的推进和社会保障事业进入快速发展时期，社会保障学作为一门与实践紧密结合的应用型学科得到了学术界的广泛重视。大量介绍国外社会保障制度和探讨中国社会保障制度发展的理论著作不断涌现。理论研究的空前繁荣为社会保障学在国内学科体系中的发展提供了良好的学术氛围，社会保障学的学科地位也逐步得到了认可。但是总体看来，目前中国社会保障学的发展也存在如下问题。

（1）目前学术界和相关实践部门对一些与社会保障密切相关的基本概念界定仍然存在较大的争议。例如对“社会保障”“社会福利”“社会福祉”“社会政策”“社会保护”等概念内涵及其相互之间的关系仍然争论不休，这不仅影响了中国社会保障学理论建构，也对社会保障实践产生了一定的负面效果❷❸。

（2）从国内出版的社会保障学的相关著作来看，现有相关成果主要是应用型实践性研究，缺乏对社会保障学相关学科理论基础的深入探讨。就目前出版发行的教材来看，大都偏重对社会保障体系框架的介绍，缺乏对相关问题的深度理论分析，这不利于完善中国社会保障学学科理论内涵与基础框架，导致社会保障学的理论范式构建缺乏扎实的学科基础。

（3）目前国内各高校几乎都开设社会保障学课程。但是，由于目前中国社会保障专业在社会学、社会工作、公共管理、经济管理、财政保险等不同类型的学院开设，这也带来

❶ 杨翠迎．社会保障学［M］．上海：复旦大学出版社，2015：56－73.

❷ 尚晓援．“社会福利”与“社会保障”再认识［J］．中国社会科学，2001（3）：113－121.

❸ 张军．“社会福利”与“社会保障”的再解读——基于我国适度普惠型社会福利制度构建的视角［J］．社会福利，2018（1）：1－8，13.

社会保障学课程困境，即社会保障学教材与专业知识体系的差异在不同的专业背景下该如何解决。另外，由于我国的社会保障学学科建设起步较晚，其学科基础也相对薄弱，学术界对社会保障学作为二级学科的专业定位、学科内涵、学科意义、方法论，及其与公共管理一级学科下设的其他二级学科之间的内在关系还有待进一步深入探讨。这些问题在一定程度上会制约社会保障学学科的进一步发展。

由于上述原因，社会保障学自产生以来人们就对其是否具有学科独立性，即能否成为一门独立学科的合法性争议不止。更重要的是，由于社会保障学主要是吸收借鉴了经济学、管理学、社会学、政治学、法学、历史学等多学科的理论和研究方法，因而在学科发展实践中常常被人们误认为是上述某一学科的附属领域或是次级领域。因此，社会保障学在发展过程中必须要理清和上述相关学科之间的关系。具体说来可以从以下方面来概括：

（1）与管理学关系（学科归属）。社会保障属于管理学研究范畴。管理学本身是一门综合性的交叉学科，是系统研究管理活动的基本规律和一般方法的科学。管理学研究在现有的条件下，如何通过合理的组织和配置人、财、物等提高生产力的水平，以便实现既定的目标。目前中国的社会保障学归属管理学大类，公共管理小类。社会保障学隶属管理学从理论上可以得到很强的支持。管理学是一门研究社会公共组织以及社会其他组织对公共事务进行管理的过程、原则、规律和方式的科学。社会保障的实施以及目标实现需要科学合理的管理方法和手段。管理学中关于计划、组织、领导、控制等基本管理过程和流程，也适用于社会保障管理。社会保障需要来自政府和社会各界的资金、人力、物资等方面的支撑。在这个过程中，社会保障制度的设计、社会保障基金管理等都要严格遵循管理学的基本形式，以实现社会保障制度的稳定和可持续发展。

（2）与经济学的关系（学科基础）。经济学是社会保障学的重要理论来源之一，社会保障学汲取了经济学理论体系中的诸多精髓，带有强烈的经济学色彩。一些著名经济学家，如庇古、凯恩斯等都对社会保障学的理论作出了重要贡献。因此，经济学是社会保障学的重要学科基础。同时，社会保障学与经济学均涉及收入分配与资源配置问题，政府如何实现公平合理的收入分配是社会保障学与经济学共同关注的命题。研究主题的交叉也使得两个学科的关系更为紧密。社会保障与经济发展关系紧密，社会保障支出水平会影响一个国家的消费总需求、投资预期、就业率以及财政支出结构等一系列经济指标。反过来，经济发展水平也会影响社会保障支出水平。此外，社会保障筹资、社会保险费率计算、社会保险基金运营管理、社会保险待遇水平等涉及保险学、金融学等与经济学密切相关的学科，它们与社会保障相关业务密不可分。

（3）与社会学关系（学科基础）。社会学是研究人类社会秩序与社会运行规律的学科。研究社会问题一直是社会学的传统，社会保障也恰好关注最重要的社会问题，例如贫困问题、人口老龄化问题、劳动就业问题、医疗健康问题、社会公平问题等。社会保障问题解决的好坏程度直接影响到社会发展与经济增长，如果处理不得当甚至会影响到社会的安定与团结。因此，社会保障学往往需要借鉴社会学的基本理论、基本原则与基本方法来更好地认识、解读社会保障制度发展过程中的各种矛盾与难题。同时，社会学领域的几乎所有研究方法和理论基础都适用于社会保障学，包括社会冲突理论、功能主义理论等研究范式以及社会调查方法、统计分析方法、归纳演绎分析方法等研究方法。也正是二者在研究内容和方法上的高度交叉和重叠，才使得社会学与社会保障学在众多的相关学科中显得更为密切，也成了社会保障学的学科基础之一。

（4）与政治学、法学等其他相关学科的关系（学科拓展）。社会保障学与政治学关系也十分密切。社会保障制度的诞生很大程度上是为了迎合政治利益集团的政治需要。社会保障制度在西方社会也是政党竞争时最重要的砝码之一。在实践中，社会保障关系到国家的政治稳定，是当代世界政党政治的重要内容。社会保障学也离不开法学的支撑。国家通过社会保障立法强制性实施社会保险、社会救助等项目，要求社会保障的不同主体共同承担社会保障的各项义务，以保证社会保障制度的良好运转。因此，社会保障的法治性是实现社会保障目标的根本保证。

在英、美等西方发达国家，社会保障学作为一门综合性的学科，也具有多元化的研究领域。日本的社会保障学以社会福利学科为主体，普遍被纳入到社会学范畴。在德国，社会保障法几乎可以与社会保障划等号。而在中国，由于学科的交叉性特征，人们对社会保障学能否成为一门独立学科的合法性仍存在争议。但是，由于学科研究内容多样化所导致的学科外延宽广性与学科独立性之间并不绝对矛盾。尤其是在当今世界学科的交叉与融合已经成为学科发展与学术创新的最新趋势、跨学科的研究范式与研究视角已经成为学术繁荣重要标志的情况下，为了突出学科的独立性而刻意地去界定一个学科与其他学科的边界也就没有多大意义。与之相反，与许多相对成熟的人文社会科学类学科相比，学科的交叉性、多元性正是社会保障学学科本身的独特魅力所在。

3.3　社会保障学的研究内容和学习方法

3.3.1　社会保障学培养目标和研究内容

1. 培养目标

养老、医疗健康、就业、贫困与救助等社会保障问题是当前中国社会关注的焦点民生问题。社会保障学课程培养目标是立足于培养社会所需要的各类社会保障专业人才。具体说来，社会保障学的教学目标包括以下方面：

（1）理论知识学习。社会保障学课程要让学生掌握社会保障的基础理论，了解国内、外社会保障的历史发展和改革动态，把握社会保障领域的热点和焦点问题，并学会用已掌握的社会保障理论知识分析当前国家面临的社会保障问题，理解和解决日常生活中遇到的社会保障相关问题。

（2）应用技能训练。当前，国家和社会迫切需要精通业务的社会保障专门人才，尤其需要具有社会保障业务实际操作能力的基层管理人员。社会保障学课程以能力培养为中心，通过课程的训练，使学生掌握社会保障的基础技能和基本方法，把握国家社会保障的法律政策，具备运用所学社会保障知识技能去分析、解决实际问题的综合业务能力，把学生培养成能在政府部门、政策研究部门、企事业单位从事社会保障工作的应用型管理人才。

2. 课程内容

社会保障学课程讲授内容一般可以分为以下部分：

(1) 基本理论和制度概述。这部分主要从宏观的角度介绍社会保障学相关概念和重要理论、社会保障制度模式、社会保障的构成及功能、社会保障制度发展和改革；社会保障基金和水平、社会保障行政管理、社会保障法和社会保障中的政府责任等。

(2) 社会保障主要项目介绍。这部分一般都按社会保障项目分类，针对社会保险、社会救助、社会福利、社会慈善、员工福利等社会保障各主要构成项目详细介绍其结构与内容。其中，社会保险一般包括养老保险、医疗保险、失业保险、工伤保险和生育保险。不过，也有的社会保障学课程在这一部分会按保障项目背后的福利需求分类，包括老年保障、医疗健康保障、工伤保障、就业保障、生育保障、住房保障、军人保障、补充保障等。

3.3.2 社会保障学的学习方法

社会保障学旨在通过课程学习，使学生了解社会保障的基本理论和基本方法，掌握社会保障制度的基本内容，培养和提高学生运用所学知识分析社会保障实践中提出和解决问题的能力。除了传统课堂讲授以外，社会保障学主要教学和学习方法包括案例教学法、PBL 教学方法、实践教学法和其他教学法。

1. 案例教学法

案例教学法是一种为学生在课堂上创造仿真环境，以实际问题为典型事例，让学生站在当事人的角度，身临其境地对典型事件进行分析讨论，以理解和掌握所学理论和政策，解决实践中所遇问题的教学方法。案例教学法能将生动的案例故事引入课堂，大大提升课堂教学效果。但是，要想获得案例教学的成功并不容易，这需要在以下方面下工夫：

(1) 获取高质量案例。要想开展案例教学并取得成功，首要条件就是获取高质量案例。因此，教师既要对社会保障学的内容非常熟悉，又要通过广泛阅览，从相关书籍、教材中收集和积累案例。同时，教师还要随时关注社会现象，了解当前发生的重大社会保障事件，掌握国内外社会保障发展的最新动态，从现实生活中主动寻找案例。当前，我国社会保障正处于事业急剧发展时期，大量有关社会保障改革和实施的鲜活案例不断涌现。因此，教师需要紧跟社会保障政策的变动，不断地搜寻和持续地更新课程案例教学的内容。

(2) 提高教师教学水平。案例教学能否取得成功很大程度上也取决于教师的教学水平。这就要求教师不仅应该对所要传授的知识非常熟悉，而且还具备与学生沟通互动的技巧，能启发引导学生回答案例相关问题。同时，教师还应当具有良好的应变能力，能够及时分析、总结学生的观点，使学生在参与中学到知识、提升自己。社会保障学案例所涉及的相关政策和制度更新很快，这就要求教师在平时加强对学科前沿知识的关注，并具备较强的应变能力和判断能力。另外，学校也可以聘请政府部门或公共机构中具有丰富社会保障业务实践经验的管理人员担任兼职教师，以现身说法的方式进行社会保障案例教学。

(3) 调动学生的积极参与。学生积极参与是案例教学法取得成功的关键。学生只有积极参与，才能从案例教学中学到更多的知识和技能。调动学生参与的积极性可以从很多方面入手。例如，可以适当提高案例讨论课堂表现在学生成绩中所占比重，以便引导学生积极参与到案例讨论中来；可以采用视频、文字、讲述等多种方式呈现案例，吸引学生的注意力；另外，尽量选择学生关心的案例。学生对自己感兴趣的事情，其参与的积极性自然会高。在教学过程中，教师应多采用鼓励性的语言对学生的发言进行评价，一般不给予学生消极和负面评价。

2. PBL 教学方法（以问题为基础的学习方法）

PBL 教学方法是指以问题为基础、以学生为主体、教师为导向的小组讨论式教学方法。PBL 教学方法可以打破学科界限，围绕问题编制综合课程，以塑造学生的独立自主理解和获取知识、有效运用知识、解决新问题的能力。《社会保障学》的课程特点是要着眼于解决实际生活中的问题，因此比较适合 PBL 教学方法。目前中国高校对于社会保障学课程采用 PBL 授课模式尚处于探索阶段，其具体应用大体包括如下环节：

（1）设计适合学生自学研究的问题体系。PBL 模式强调把学习设置到复杂的、有意义并且相对真实的问题情境中，使问题成为学生学习的动力和培养综合思考能力及解决问题能力的材料，在此过程中获得知识并学会解决问题的方法。因此，需要认真设计适合学生的问题体系。在针对社会保障学课程设计适合学生自学研究的问题体系时，可把社会保障在发展过程中遇到的实际问题情境真实地引入课堂，突出社会保障事件的时效性，高度关注重大热点问题，激发学生的学习欲望，帮助学生全面理解和掌握相关知识，培养分析问题、解决问题的能力。

（2）科学地进行分组。PBL 学习过程都以小组的方式来进行。教学过程中，可以随机确定各组组长，而组长和组员之间则可以自行双向选择，这样每个组员都有归属感和认同感，有利于形成团队凝聚力。小组组长负责组员分工，并组织组员用所学的知识和收集到的资料进行积极讨论。讨论完成后，每个小组长陈述自己小组讨论结果和存在的问题。

（3）组织教学和管理课堂。PBL 教学模式强调以学生为主体，教师的角色不再是讲授知识，而是创设问题情境、组织小组学习。在 PBL 教学中，一方面教师要投入大量的时间和精力来组织和策划教学过程，将传统教学中的教学目标、教学内容通过 PBL 教学案例的编写、综合教学目标的制订、教学内容的整合、教师指导手册的编写等来表达和实现；另一方面作为课堂的指导者，教师要运用多种管理手段控制课堂节奏，调动学生的积极性，有针对性地启发和激励学生进行小组学习，鼓励组员之间互相争论、质疑，建立良好的学习环境，激发学生的学习兴趣[1]。

3. 实践教学法

社会保障是一门与实践紧密联系的学科。通过教学实践，学生可以了解国家社会保障相关政策及其运行情况，加深对知识的理解，提高认识、分析、解决社会保障问题的能力。例如，派遣学生到相关单位的人力资源部门实习可以了解各种保险费缴费比例和工作流程；派学生到医院相关部门实习可以了解医疗保险的报销过程；组织学生参观养老机构，可以了解孤寡老人的社保问题和老年人福利问题；带领学生到中小企业进行调研，可以了解外出农民工的医疗保障、失业保障、养老保障等进展情况；到街道办事处实习可以了解居民医疗保险的缴纳事宜。实践教学可以采取各种灵活的方式，具体如下：

[1] 马蔚姝．PBL 教学模式在“社会保障学”课程中的应用探索［J］. 经济研究导刊，2011（30）：2.

（1）学校可选择一些单位和机构的社会保障部门等作为合作单位，与他们建立实习基地，派学生通过实习的方式掌握社会保障相关技能，补充课程学习之不足。也可以以教学大纲为蓝本，以就业为导向，在校内建立社会保障实训室，让学生通过在实训室的训练学到更多的操作性技能。

（2）可以充分利用高校社团活动和社会调查活动等来进行实践教学。例如，可以在暑期开展的“暑期社会实践活动”，结合课程内容，引导学生去申报本门课程内容相关的选题；也可以利用大学教授的研究课题调研的机会，吸收学生进入课题组进行调研，通过调研的体验式教学方式，让学生学到社会保障相关知识和技能。

（3）可以利用教学大纲中的社会实践课程，配合院系的专业实习和教学实习的实践课，组织学生到农村和城市社区等地进行社会实践调研，通过问卷调查和深度访谈等方法，让学生接触社会，学习和运用社会保障相关知识。

4. 其他教学法

项目式教学是社会保障学教学改革的方式之一。与传统教学方式相比，项目式教学方式将学习变为一种学生形成具体经验、以归纳为主的过程，可以有效激发并持续保持学生自主学习的积极性和主动性。项目式教学分为项目选择、项目实施和项目评估三个阶段。以社会保障教学为例，在项目选择阶段可以要求学生根据教学大纲，在工伤保险、失业保险、医疗保险、养老保险、社会救助、社会福利、企业年金等专题中拟定项目范围和具体题目。项目实施阶段包括组建项目团队、拟订项目研究计划、项目分工合作、资料收集整理、项目整合等过程，其中团队组建最关键。项目评估对于提升学生的学习效果与参与度有重要意义。项目式教学的成果可以利用教师评估、自我评估、小组评估等多种方式对学生进行综合评价。一般情况下，各小组在进行课堂展示之后需要根据老师以及同学提出的建议进行修改，最终以研究报告的形式作为项目教学的最终成果。

角色扮演教学法也是社会保障学教学改革的重要方法之一。实践教学需要进入现场情境，需要投入很多人力和时间联系相关单位。而角色扮演教学法通过采用对现场情境进行模拟的方式进行教学，也一定程度上达到实践教学的效果。社会保障学具有职业性和应用性特点，要注重培养学生从事社会保障类专业工作的实际能力。例如，可以通过角色扮演的方法设置情境，让学生熟悉掌握社会保障学中“五险”的知识及业务办理的一般过程。再如，也可以设置社会保障争议情境，让学生通过角色扮演来解决日常生活中遇到的社会保障问题。由此可见，社会保障学课程比较适合开展角色扮演教学方法。

3.4 本章小结和典型案例分析

3.4.1 本章小结

社会保障是指国家通过立法进行国民收入再分配，对因年老、疾病、工伤、失业、生育等原因暂时或永久失去劳动能力，以及其他社会风险导致生活困难的社会成员给予现金、物质或服务帮助，以保证其基本生活，维护社会稳定并促进社会协调发展的制度。

社会保障的政策目标从低到高可以分为帮助国民摆脱生存危机、满足国民生活保障需求和实现整个社会的和谐发展三个层次。社会保障的主要功能包括稳定功能、调节功能和促进功能三个方面。

社会保障学作为一门新兴学科，主要研究社会保障本质关系及其规律，培养社会保障及相关领域高级专业人才。具体说来，社会保障学要研究和分析社会保障有关理论，立足于基本理论分析社会保险、社会救助、社会福利、优抚安置等社会保障制度各个子系统及其相互关系。

社会保障学作为一门独立的学科，虽然产生较晚，但已经形成了自己鲜明的特色，主要表现在社会保障学是一门现代新兴学科，综合性交叉学科和实践应用性学科三个方面。社会保障学已经作为社会学、社会工作、行政管理、劳动与社会保障、公共事业管理、劳动经济、公共经济、人力资源管理等专业的主干课程或专业基础课。金融学、财政学、经济学、法学等专业还把该课程纳入专业的选修课程。由于社会保障学的课程内容关系到每个公民的个人福祉，有些高校还把该门课程纳入面向所有专业、全体学生的通识教育课程体系，以使学生在未来的日常生活和职业生涯中受益。

社会保障学课程培养目标是立足于实践培养社会所需要的各类社会保障专业人才，具体教学目标包括理论知识学习和应用技能训练两个方面。社会保障学课程讲授内容一般可以分为基本理论和制度概述、社会保障主要项目介绍两个部分。

社会保障学旨在通过课程学习，使学生了解社会保障的基本理论和基本方法，掌握社会保障制度的基本内容，培养和提高学生运用所学知识分析社会保障实践中提出和解决问题的能力。除了传统课堂讲授以外，社会保障学主要教学和学习方法还包括案例教学法、PBL 教学方法和实践教学法等。

3.4.2 典型案例分析

案例一

某外商独资公司，高薪聘用了一位名校博士毕业生赵某，担任该公司副总经理。在谈到工资待遇时，公司说："董事会给你定的工资为 1.2 万元。不过，我们是一家外资公司，之所以工资定得这么高，是因为除了工资以外，其他福利待遇都没有。比如，医药费报销、养老等问题都得自己解决，公司概不负责。"听了这话，李某心里盘算开了："这个公司给我的工资的确是够高的，可就是将来万一得了什么大病，或者老了怎么办呢?"但他转念又一想："我刚 30 多岁，一般也不会有什么大病，至于养老问题，现在考虑还为时过早。倒不如趁年轻多挣些钱，实惠。"工作以后，赵博士为了解除自己的后顾之忧，每月从工资中拿出 1000 元，向保险公司投了一份养老保险。这样一来，他在这家公司工作，也觉得踏实多了。几个月后，由于赵博士与董事长在公司的经营管理等重大问题上产生了分歧，被董事长炒了"鱿鱼"。赵博士不服，双方为此打到了劳动争议仲裁委员会。在劳动争议仲裁委员会，赵博士提出公司未给他缴纳养老保险的问题，他认为，这是侵犯他合法权益的行为。但公司认为不为你缴纳养老保险，是事先跟你讲好的。你既然干了，就说明咱们的协议已经达成，你现在无权反悔。再说，你不是自己已经向保险公司投了养老保险了吗?

（资料来源：https：//wenku.baidu.com/view/7276a0274bfe04a1b0717fd5360cba1aa9118c57.html）

案例分析

(1) 养老保险是国家为了保障职工退休后的基本生活而建立的一种社会保障制度，也是社会保险的一种。劳动法规定的社会保险，不同于保险公司的金融保险，主要区别在于：①前者是在与用人单位发生劳动关系时，劳动者应享有的权利，但后者却不是；②前者是强制性的，即企业和劳动者必须依法参加，而后者是自愿性的，即是否参加完全凭企业或劳动者自愿。所以，赵博士自己向保险公司投保的养老保险，不能代替社会保险中的养老保险。

(2) 根据《中华人民共和国社会保险法》第四条规定，中华人民共和国境内的用人单位和个人依法缴纳社会保险费。这说明，参加社会保险、缴纳社会保险费不光是用人单位的义务，也是劳动者的义务。它是用人单位和劳动者的共同义务。

(3) 因此，该外商公司以高薪来取代职工的养老保险，是违反法律规定的。它不光应该依法为职工缴纳养老保险，还应该同时缴纳失业、大病医疗等政府规定的社会保险。

案例二

2013 年 6 月，王某进入上海某汽车配件公司工作，并于 2014 年 2 月结婚。结婚后王某与父母分开居住，两家相隔十五公里以上。2014 年 3 月 12 日，因长时间未去看望父母，他选了一天下班后开电动车去父母家。路上与一辆小轿车发生交通事故，造成右手骨折。经交警部门认定，王某对此次交通事故承担次要责任。

出院后，王某向区人力资源与社会保障局申请工伤认定，该人社局认为王某的情况符合《工伤保险条例》第十四条第（六）项的规定，即在上下班途中受到非本人主要责任交通事故的应当认定为工伤，故作出了王某构成工伤的认定。单位对认定不服，向人民法院提起行政诉讼，要求撤销该认定。

法院经过审理认为：2014 年 3 月 12 日王某下班后前往父母家系其合理的下班路线，人社局对该工伤认定并无不当。而原告单位对“上下班途中”的理解过于狭隘。法院最终判决：维持人社局的工伤认定。

（资料来源：https：//www.66law.cn/domainblog/123791.aspx）

案例分析

上下班途中交通事故产生的工伤一直都是企业和员工关注的焦点问题，2014 年 9 月 1 日起施行的《最高人民法院关于审理工伤保险行政案件若干问题的规定》（以下简称《规定》）也引起了社会广泛讨论。其中对于如何来认定《工伤保险条例》第十四条第（六）项中“上下班途中”进行了更细化、更宽泛的规定。本案中双方的争议焦点就属于其中之一。《规定》第六条规定，对社会保险行政部门认定下列情形为“上下班途中”的，人民法院应予支持：（一）在合理时间内往返于工作地与住所地、经常居住地、单位宿舍的合理路线的上下班途中；（二）在合理时间内往返于工作地与配偶、父母、子女居住地的合理路线的上下班途中；（三）从事属于日常工作生活所需要的活动，且在合理时间和合理路线的上下班途中；（四）在合理时间内其他合理路线的上下班途中。

本案中王某即属于第二款规定的情形，下班后前往父母家系其合理的下班路线，途中发生非本人主责的交通事故，所以被认定为工伤。

案例三

熊伟英家住在杭州东新园小区。今年已经 31 岁的她，从大专毕业到现在已经干了不下十份工作。从前台、文案、外贸业务员、客服到语文老师、销售等，每一份工作都干得不顺心。最近，熊伟英听说老家宁波有一个朋友因为被公司辞退，在家待业找不到工作，但是享受到了失业保险待遇，虽说钱不多，但是每个月给女儿的零花钱还是够了。多次的换工作经历让她对各种岗位都失去了兴趣，同时也让她开始萌生想靠旁门左道赚钱的想法。

就在今年清明节过后，熊伟英向单位提出辞职，单位批准了。半个月后，她办完了交接手续。熊伟英打的如意算盘是，自己目前每月的收入是零，且失业保险也一直都在缴纳。即使自己没有工作，靠失业保险应该也可以补贴点家用。

失业满一个月后，熊伟英捧着一堆个人资料和证明前往当地的劳动和社会保障管理站办理失业证。但是，原本以为要花上一个月时间办理的失业金领取流程的她，在第一关就被卡住了：不符合领取失业金条件。

熊伟英觉得事情蹊跷，就当场打电话问宁波的朋友，问完后还和工作人员理论，说同样在家待业，为何朋友就好好地拿到失业金，还参加当地的就业培训了，而自己却不合格。

（资料来源：https：//xuexi. huize. com/study/detal-108166. html）

案例分析

非因本人意愿中断就业是领取失业金必不可少的一个条件。也就是说，如果是本人主动提出离职，就不符合失业金领取条件。非本人意愿导致员工失业的情况主要有以下几种：①终止劳动合同的；②被用人单位解除劳动合同的；③因用人单位不按规定提供劳动条件，提出解除劳动合同的；④因用人单位以暴力、胁迫或者限制人身自由等手段强迫劳动，提出解除劳动合同的；⑤因用人单位克扣、拖欠工资，或者不按规定支付延长工作时间劳动报酬，提出解除劳动合同的；⑥因用人单位低于当地最低工资标准或者集体合同约定的工资标准支付工资，提出解除劳动合同的；⑦因用人单位扣押身份、资质、资历等证件，提出解除劳动合同的；⑧因用人单位未依法缴纳社会保险费，提出解除劳动合同的，以及其他法律规定的情况等。

本案例中，熊伟英和朋友唯一的不同点是，朋友是由于公司原因而被辞退，而她是主动离职的，因此不符合失业金领取条件。

思　考　题

（1）简述社会保障概念？

（2）简述社会保障的主要功能包括哪些方面？

（3）试述社会保障学与经济学、管理学、社会学、政治学和法学等相关学科之间的关系？

进一步学习导引

1. 推荐阅读

(1)《社会保障学》(郑功成)。

(2)《社会保障概论》(孙光德,董克用)。

(3)《社会保障理论与实务》(刘钧)。

(4)《社会保障制度的国际比较》(和春雷)。

(5)《社会保障管理体制》(林毓铭)。

(6)《社会保障管理》(邓大松,刘昌平)。

(7)《社会福利社会化——上海与香港社会福利体系比较》(杨团)。

(8)《中国社会主义的社会福利——民政福利工作研究》(黄黎若莲)。

(9)《福利的解析——来自欧美的启示》(周宏)。

(10)《中国社会福利史》(王子今,刘悦斌,常宗虎)。

(11)《贝弗里奇报告——社会保险和相关服务》(贝弗里奇)。

(12)《福利资本主义的三个世界》(埃斯平·安德森)。

(13)《资产与穷人——一项新的美国福利政策》(迈克尔·谢若登)。

(14)《贫困的比较》(丁·瑞沃林)。

(15)《信守诺言——美国养老社会保险制度改革思路》(马歇尔·N. 卡特,威廉·G. 希普曼)。

(16)《社会福利的目标定位——全球发展趋势与展望》(尼尔·吉尔伯特)。

2. 主要课程

主要课程包括:政治经济学、微观经济学、宏观经济学、福利经济学、管理学、财政学、社会保障学、统计学、经济法、劳动经济学、金融学、保险学、社会保险原理与实务、社会保险模拟实验、社会保障基金管理、劳动关系学、人事经济管理学、西方社会福利理论与实务、劳动法与社会保障法、社会保障理论前沿、人力资源管理、薪酬管理等。

3. 网站资源(排名不分先后)

(1) 中华人民共和国人力资源与社会保障部:http://www.mohrss.gov.cn/

(2) 中华人民共和国民政部:http://www.mca.gov.cn/

(3) 中国社会保障学会:http://www.caoss.org.cn/

第 4 章

教育经济与管理学概论

教育经济与管理学在我国还是一门新兴的学科，它的发展起步比较晚，从 1997 年学科地位的确立到现在只有 20 余年的时间。本章对教育经济与管理学的发展现状、发展历程、主要研究内容进行了梳理，对其主要特征以及发展方向进行了简要阐述。在教育越来越受到重视的今天，教育经济与管理学的发展前景是极为广阔的，但是也面临着许多的问题需要解决。

4.1 教育经济与管理学的定位及发展现状

4.1.1 教育经济与管理学是一门交叉性社会学科

20 世纪 80 年代以来，伴随着改革开放的步伐，我国开始学习国外先进的管理经验。在哲学社会科学领域产生了一系列新兴交叉学科。1997 年以前，教育经济学和教育管理学还属于两个独立的学科，经过学科的交叉融合和重组重构，1997 年专业目录调整之后，这两门独立的学科被合并为一个学科，称之为教育经济与管理学。

4.1.2 教育经济与管理学是一门应用性学科

自然科学一般划分为基础科学、技术科学和应用科学三个层次。到目前为止，社会科学还没有一种合适的层级划分，通常借鉴自然科学的划分方法。三个层次的划分体现了不同学科的研究重点，层级之间具有区分性。但是大的学科门类本身就是一个整体，这种层级划分也不能割裂其完整性。所以，不同层级学科的研究内容也并非泾渭分明。教育经济与管理学的研究对象和研究内容，决定了它是一门应用性学科，虽然由于其自身的不成熟性以及学科自身完整性需要，它也要进行一些基础研究和技术研究，然而从其学科属性来看，教育经济与管理学还是一门应用性学科。

4.1.3 教育经济与管理学的研究对象

各门学科都拥有自己的研究对象，以此探寻自身领域的基本规律。然而交叉学科的出现，使情况变得有些复杂。交叉学科的形成过程决定了其研究对象的动态性，以探寻规律为宗旨的研究似乎不适合交叉学科的发展。从教育经济与管理学的形成过程来看，一直都是以问题为导向不断发展的，发现问题解决问题是这门学科发展的强大动力。所以，教育经济与管理学具有鲜明的实践性，其研究对象是教育经济与管理学中现存的问题，力求突破学科界限，从多学科的角度审视和解决教育问题。因此，该学科的发展对经济社会具有深远的意义。

教育经济与管理学的研究对象是变化中的教育经济与管理问题，具体研究领域如下：教育与经济的关系，包括教育概述、教育与个人的全面发展及生活质量的提高、现代教育与现代生产相结合的特征与趋势、市场经济与教育改革、知识经济与教育创新；教育经济管理，包括教育需求与教育供给管理、教育成本管理、教育投资管理、教育收益管理、教育产业管理、教育的产学研相结合及其管理模式、教育就业管理；教育管理，包括教育行政管理、学校教育管理两大部分。

4.1.4 教育经济与管理学是归属于公共管理学一级学科下的二级学科

一门学科把自己界定在特定的学科门类下，有利于从制度上保证权益的顺利获得，从学术上得到社会的认同，也使得学科成员从心理上获得安全感和成就感。随着交叉学科的不断涌现，学科归属问题日益复杂，也缺乏统一标准。交叉学科的归属大致分为两种情形：①交叉学科借用某一学科的方法来研究特定学科的问题，其归属就应归入特定的学科，如教育统计学，它采用统计的方法来研究教育学问题，应归属于教育学门类；②交叉学科不仅运用多门学科的方法来研究特定学科的问题，而且研究的问题也与各门学科内容密切相关，这种交叉学科的归属就没有统一的标准。教育经济与管理学明显是属于第二种情形。那么其归属是不是可以同时属于教育学、经济学和管理学三大门类呢？从理论上说，这样划分没有问题。我国公共管理学的兴起，为这门学科纳入管理学门类提供了条件。公共管理学是“以公共管理为研究对象的一门新兴学科，是一门运用管理学、政治学、经济学、法学、社会学等各学科理论和方法，专门研究公共组织尤其是政府组织的管理活动及其规律的学科体系”，其本身也是一门交叉学科。由于教育是公共管理的一个重要组成部分，所以对教育的管理也必然成为其研究对象之一。

1997年颁布的《授予博士、硕士学位和培养研究生的学科、专业目录》中，进一步规范和理顺了一级学科，拓宽和调整了二级学科，在把管理学提升为学科门类的基础上，把教育经济与管理学归入一级学科公共管理学下的二级学科，并可授予管理学和教育学学位。从目前的情况看，在一级学科公共管理学下，已经包括行政管理学、社会医学与卫生事业管理、教育经济与管理学、社会保障学、土地资源管理5个二级学科。可见，把教育经济与管理学纳入管理学门类，没有违背交叉学科归属的原则，同时又符合现实的需要，因此是可行的，也是合理的。

4.1.5 教育经济与管理学的研究方法

一门学科在创建过程中需要接受哲学方法的指导，借鉴一般科学方法，吸收各种综合性方法、横向性方法和交叉性方法的营养，但是必须有本学科独特的研究方法，这种研究方法是一门学科在创建过程中具有方法论高度的创造性尝试，是适用于本学科理论建构的具体发现方法、检验方法和发展方法，对于本学科的创建具有其他方法无法取代的新工具意义。那么，教育经济与管理学的独特研究方法是什么呢？交叉学科是多门学科的有机结合，在研究方法上也自然是融合多门学科的方法，学界称之为多学科研究方法。多学科研究方法在方法论上是一大创新，在实践中也富有成效。在学科不断细化的背景下，各门学科的独特研究方法对系统性问题的解决能力日显苍白无力。多学科研究方法的提出，在方法论上为这一问题的解决提供了前提条件。

需要说明的是，多学科研究方法并非仅是各种学科研究方法的随意组合。如同交叉学科的形成机制一样，多学科研究方法也是一个有机整体，它好比是一个“资源库”，内含了各种各样的资源，但在使用这个“资源库”时，面对不同问题，这个“资源库”输出的有效资源也是不同的。所以，多学科研究方法一方面既避免了单一学科研究方法的片面化，另一方面也有利于各种方法相互借鉴，发挥综合效果。就教育经济与管理学这门学科而言，主要是使用经济学和管理学这两大学科的方法去解决变化中的教育问题，具体方法有统计分析法、案例法和调查法等。

4.1.6　教育经济与管理学的发展趋势

教育经济与管理学是一门不成熟的学科，主要表现如下：

(1) 学科体系尚未完整建构。以动态的教育经济与管理问题为研究对象，研究成果还较为零散，在研究范式上尚未形成自己的风格。

(2) 学科队伍还未达到相应规模。由于该学科一开始就分属三大学科门类之下，所以从事该学科研究的人员也多数源自这三个学科门类。1997 年后，教育经济与管理学成为公共管理学一级学科下的二级学科，虽有合理分设的条件，但这些研究人员同原有学科的深厚关系依然存在，教育经济与管理学科队伍的扩大速度十分缓慢。

该学科的发展前景依然是令人鼓舞的，未来发展趋势主要表现为以下几个方面：①该学科逐渐纳入管理学门类，成为公共管理学一级学科下的二级学科，为国家公务员制度提供理论研究成果并为国家培养一批高级公共管理人才；②学科体系逐渐完善，以变化中的教育经济与管理问题为研究对象，打造学科特色，为教育改革服务；③形成一批专、兼职研究队伍，扩大了该学科在教育研究及教育决策中的影响；④研究生培养水平在不断提高，教学与研究并重，努力培养一批该学科的人才；⑤立足本国，学习国外先进的理论与实践成果，加强国际交流，创建有中国特色的教育经济与管理教学与研究体系。

4.2　教育经济与管理学的历史发展

4.2.1　教育经济与管理学的产生

从历史角度来看，社会科学的发展大致经历了三个阶段。第一，融合期（1500—1850 年）：社会科学与自然科学融为一体，构成共同探寻世俗真理的同盟。第二，整合期（1850—1945 年）：随着实验性、经验性研究在自然科学领域的加强，社会科学因其研究结果的不可验证而备受责难，不断遭到自然科学家的排斥。但是，社会科学通过自身内部的整合，以探寻普遍法则为己任，设法为各自的学科领域划定研究范围，到 1945 年左右，社会科学学科在绝大多著名大学里基本实现了制度化。第三，扩展期（1945 年至今）：二战后，伴随着社会发展，新学科不断涌现，学科界限日趋模糊，社会科学向更具综合性的方向发展，各种交叉学科层出不穷。以跨学科形式出现的新兴学科，不仅克服了现有学科画地为牢的缺陷，而且也将这些学科从困境中解救出来，使他们重新焕发了生机。同时也应看到，跨学科的出现固然是学科创新的一条途径，但也造成了一些“学科大杂烩”的隐患。如果学科间的任意联结都可以构成一门新学科的话，学科本身也会因失去其独特性而毫无价值。

现代社会的发展，使教育从边缘逐渐走向社会中心地带。以不同学科为出发点对教育问题进行研究，已经成为一种趋势，各种分支学科不断涌现，如教育文化学、教育生态学等。这种分科研究虽能深化认识、拓宽视野，但教育本身的复杂性决定了这种分科研究的片面性，同时因其缺乏综合的研究，对解决现实的教育问题无能为力。于是，人们尝试采用多学科的方法，特别是结合经济学和管理学的方法，去思考和解决复杂的教育经济与教育管理问题。实践证明，这种尝试是有效的，从而也就在一定程度上触发了这门新学科的诞生。也就是说，教育经济与管理学这门新兴学科的诞生，既取决于学科发展所需的内在动力，也适应了社会发展的外在需求。

4.2.2 教育经济与管理学的发展

教育经济与管理学作为一门新兴学科是建立在教育经济学和教育管理学两门学科基础上的，要探讨教育经济与管理学科的发展脉络，就必须了解教育经济学和教育管理学的历史、现状和发展态势。

教育经济学的发展大致经历了 20 世纪 20—50 年代末的萌芽时期、60 年代的形成时期和 70 年代以后的大发展时期，并相继形成了人力资本理论、筛选理论、劳动力市场划分理论、社会化理论等研究成果和流派。

自亚当·斯密以来的经济学，几乎每一部经典著作都在告诉人们经济学的视角是什么、经济学家是怎样思考问题的，尤其是近几十年来流行的经典经济学教科书，更是以最明确简洁的语言，对经济学的思考方式加以梳理，进而追根溯源。因而，西方经济学家以及教育经济学的先驱斯特鲁米林等苏联经济学家，早期对于作为经济学分支的教育经济学，多是运用经济学知识和思考方式进行专题性研究，如舒尔茨对人力资本的研究。

我国教育经济学研究者主要由两部分组成，一部分是经济学理论家，另一部分是教育学理论家。其中，教育学理论家研究教育经济学的居大多数。由于我国教育经济学发展的历史较为短暂，还没有做到充分运用经济学研究的独特思维对教育经济生活的方方面面展开深入系统全面的研究。作为一门学科，教育经济学还是粗放的，尚处于发展的初级阶段。

从 19 世纪与 20 世纪之交开始，教育管理学的发展历程大致经历了 6 个阶段，第一个阶段是探求教育管理过程和原则的统一性；第二个阶段是探求教育管理过程中的变化和出路；第三个阶段是对教育管理组织和个人和谐统一的人道主义追求；第四个阶段从应然性概括转变为解释性、说明性的必然性解释；第五个阶段发展为角色理论、系统理论、过程理论、素质理论以及结构功能主义范式、解释主义范式、批判探究范式和女性主义者后结构主义理论范式等学派林立的阶段；第六个阶段发展为对多元的教育理论、方法和模式进行整合的阶段。教育管理学发展虽然已经初具规模，却仍然是一门不成熟的学科。

作为教育经济与管理学奠基学科的教育经济学和教育管理学本身还需要进一步发展。一方面，由于两个学科也都源于西方，因此，学科的建设与发展必然要受到西方实用主义哲学的影响，不太关注理论体系系统性的构建。从另一方面来看，奠基学科的不成熟也会对教育经济与管理学的发展少些羁绊，为构建中国特色的教育经济与管理学留下了足够空间。

回顾教育经济与管理学的发展，教育经济与管理作为学科名词被使用，仅仅是 1997 年专业目录调整后的事情。但是，由于该学科涉及其他学科知识太多、太庞杂，短时间内对学科的边界很难界定清楚，因此呈现出研究人员复杂、课程设置缺乏个性、相关著作匮乏的局面。如何既学习西方人重实用的特点，又体现中国人重体系的学术习惯，尝试构建中国特色的教育经济与管理学科体系已成为十分迫切的问题。

4.3　教育经济与管理学概述

4.3.1　教育概述

教育经济与管理学主要阐述了有关教育方面的基本理论。通过学习，对教育的产生和发展、教育与社会及人的关系、教育基本形态、教育基本制度、教育目的等方面有一个初步的总体性的了解，在宏观上对教育有一个整体性的把握，为以后的学习打下基础。

促进社会的发展与促进人的发展是教育的两大基本功能，也是教育活动的两大基本规律。一切教育活动包括确定教育目的、建立学校教育制度、安排教育内容，都要围绕这两个基本功能来进行。教育既要受社会生产力、政治经济制度的制约，同时又具有巨大的反作用。社会生产力制约着教育目的、教育内容、学校结构、教育手段等方面。政治经济制度制约着教育的领导权和享受权。在这方面，不同历史阶段的社会、不同意识形态的国家，有着鲜明的差异。反过来，教育以其自身特有的方式，对前两者起到直接的推动作用。它把大量的可能劳动力转化为现实劳动力，培养了大批政治经济管理人才和遵纪守法的公民，促进了社会的稳定和发展。

教育的对象是人，人的发展具有阶段性、连续性、顺序性和差异性。教育影响的施加一定要遵循受教育者身心发展的客观规律，充分调动其主观能动性，否则必将本末倒置、事倍功半，任何好的教育思想、内容、方法、手段都会丧失其意义。

从纵向来看，教育经历了原始社会、古代社会、现代社会三个历史阶段。每一阶段都随着生产力的进步取得了进一步的发展，出现了新的特点。从横向上看，教育可分为家庭教育、学校教育、社会教育三种形态。它们之间的地位和作用是不同的，不能相互替代，各个方面都要努力，发挥各自的作用，才能使教育效果达到最佳。

4.3.2　教育与人的全面发展及生活质量提高

这一部分围绕个人全面发展、生活质量的提高与教育的关系等问题，深刻阐述马克思主义关于人的全面发展学说的形成、发展和成熟，同时对马克思指出的工业生产三阶段中人的发展情况进行详细的分析，从而提出实现个人全面发展的途径与方法——教育要同生产劳动相结合。需要掌握的重点问题是马克思主义关于人的全面发展学说、教育与人的全面发展之间的关系、教育与生活质量的提高。

高等教育对现代人全面发展的关键性作用，主要表现在教育与劳动能力的培养、教育与交往能力的培养、教育与享受能力的培养三方面。对生活质量的提高与教育的关系进行了集中阐述，从生活质量的概念入手，明确了生活质量对社会主义中国的意义；从生活质量指标及其特点等，引出高等教育发展与现代人生活质量提高的意义、作用。

4.3.3　现代教育与现代生产相结合的特征和趋势

教育同生产劳动相结合作为马克思主义的一条重要原则及现代社会的一条重要教育规律，正随着社会的发展而变得日趋重要，其意义也愈加深远。现代教育与现代生产如何更好地结合，从而符合现代社会和人的发展的要求，已经成为愈来愈多的教育工作者探讨的问题。这部分需要掌握的重点问题是现代教育的内涵、现代教育与现代生产相结合的特点与趋势、现代教育与现代生产相结合的结合点、学校与企业的密切联系。

当代社会条件下现代教育与现代生产相结合的研究，揭示了其规律、特征和趋势。通过分析欧美发达国家及中国的教育与生产相结合的理论与实践，概括了现代教育与现代生产相结合的四大特征：综合技术教育作为基本形式、政府和企业的支持、既重视形式又重视实质的结合、重视专职和兼职师资队伍。

通过对马克思主义经典论断及当代各国生产和教育实践的分析，发现现代教育与现代生产相结合的四大趋势即以培养全面发展的人为目的、不仅与体力劳动而且与脑力劳动相结合、注重现代人的职业流动能力的培养、实现终身教育。

通过分析当前现代教育与现代生产相结合中存在的问题，得出四点启示：必须着眼于现代人的职业流动能力的培养；必须促进综合技术教育的深入研究和全面实施；必须坚持提高社会生产与造就全面发展的新人的统一；必须加强学校和企业的密切联系。

4.3.4　市场经济与教育改革

这一部分阐述了市场经济的内涵、市场经济引发的教育改革、我国教育市场的非均衡性、如何实现教育公平等问题。

重点论述了市场经济与教育改革、发展教育之间的关系，阐明了市场机制的概念以及市场经济体制的特点，指出了市场经济和教育之间关系密切。中国特色社会主义市场经济体制的建立和完善引发了教育界，尤其是高等教育在管理体制和人才培养方面的种种变革。从纵向和横向两个角度分析了教育不公平的现象及其原因，其中既有社会客观原因，如市场失灵，也有人的内在主观意识上的原因，如官本位传统；提出了解决问题的五点措施，并阐述了中国高等教育资源配置不合理所导致的教育不公平这一事实，并对此提出教育工作者和各职能部门应从现实出发妥善处理这些教育问题，实现教育公平。

4.3.5　知识经济与教育

这一部分阐述了知识经济的内涵、创新人才及创新人才的培养、知识经济与教育创新的关系等问题。

从知识特征的角度，阐述了知识的概念、形成过程。知识有“显形”和“隐形”两种存在形态，同时具有时效性和无限增值性两个重要特征。从知识经济的概念入手，通过知识经济与工业经济的多要素比较，梳理出知识经济的具体特征。知识经济的出现预示着人类社会的发展发生质的飞跃：一种新的社会形态——信息社会，正在孕育。从知识信息、高科技、赛伯文化三个层面对信息社会进行了前瞻性的探究，提出知识经济时代的主题之一是创新。

创新的主体是人才。人才只有靠教育才会产生。教育是知识生产、传递、学习和应用的核心活动，教育所培养的人才又是参与知识生产、应用和创新的主体。所以教育事实上成为了知识经济持续发展的基础。从经济发展角度，提出创新人才本质内涵及创新人才的特质和类型。最后，提出创新系统的概念，并根据其规模层次分为国际创新系统、国家创新系统和地方创新系统三种类型。

4.4　教育经济管理

4.4.1　教育需求与教育供给管理

这一部分需要掌握的重点问题是教育需求、教育供给、教育供求均衡、教育供求均衡的调控等。

结合我国教育市场现状，对教育供求矛盾进行了分析。首先从理论上考察了教育需求、教育供给和教育供求的均衡。在市场经济中，作为商品市场上代表供求的两种力量，需求曲线和供给曲线是客观存在的，可以被用来解释许多经济现象。市场经济体制推动着教育供求关系的变化，出现了适应市场经济要求的教育需求与教育供给，教育需求与教育供给的矛盾运动规律，也应服从市场价格变化的规律。

对我国教育供求均衡的问题进行了具体的分析。对于教育机会供求，主要表现为总体供不应求，此外还存在着供求矛盾不平衡的问题；对于教育产品供求，则主要表现为供求结构的不合理。对教育供求矛盾的调节方式多种多样，但从调节机制和实践上看，主要是运用计划调节和市场调节这两种最典型的调节手段。计划调节是由国家以行政命令的手段，主要通过行政机构，集中、统一、强制性进行调节；市场调节则是使市场在国家宏观调控下，对劳动力和专门人才的配置起基础性作用。

4.4.2　教育成本管理

接受教育已成为实现这一切的重要手段，但接受高等及相关的职业教育要支付费用，即教育成本。且在以后的工作中将多倍地补偿这些费用。这部分阐述的重点问题是教育成本的内涵，计量、分析和控制。

（1）内涵。计划经济体制下，教育纯公共产品的性质导致了从不考虑教育成本，但随着社会转型，社会主义市场经济体制要求教育系统开始进行教育成本收益的计量和分析，注重教育成本管理，以此作为教育收益的依据，从而为扩大教育规模奠定基础。

（2）计量。研究教育成本的一系列相关问题，对于考察教育投资经济效益、提高教育资源利用率有着重要的作用与意义。教育成本是衡量教育机构培养劳动力和专门人才、资源消耗的尺度，它对核算培养高级人才所需要的活劳动和物化劳动的数量指标具有重要意义。教育成本是计量教育投资经济效益的前提条件，也是计算和测算未来劳动者报酬的一个重要依据。影响劳动者劳动报酬的因素很多，其中起重要作用的是劳动者的素质，即劳动素质经济价值，主要表现为劳动者的劳动熟练程度、复杂程度。

（3）分析。在市场经济条件下，教育成本可作为测定未来劳动力和专门人才进入劳动市场时劳动力价格的依据；教育成本也是进行教育宏观调控，即规划、管理、监督和决策的依据。对教育进行宏观调控，使教育规划具有可行性，教育管理逐步科学化，保证教育监督的有效性和教育决策的正确性，这一切都必须考虑教育成本。因为创办学校、管理学校都离不开人力、物力、财力支持，必然涉及对这些教育资源的利用、分配和管理，所以必须进行各种教育成本核算，才能有效地进行科学的管理。

（4）控制。研究教育成本有许多现实意义。通过教育成本研究，有利于对教育部门进行经济监督，以提高教育投资利用率；有利于正确处理国家、集体和个人对教育投资的不同负担，使教育成本得到合理分担；有利于学生正确处理个人与国家利益、目前利益与长远利益的关系；有利于改变教育部门是消费部门、忽视成本核算的错误观念。

4.4.3　教育投资管理

这部分阐述的重点问题是教育投资的筹措、教育投资的分配、教育投资的使用、教育投资比例、教育投资合理化的标准和实现途径、我国教育投资的管理体制。

教育投资也称教育投入、教育经费、教育财政，是指一个国家或地区根据教育事业发展的需要，投入教育领域中的人力、物力和财力的总和。教育投资也可以认为是投入教育领域，用于培养各种熟练程度不同的劳动力和专门人才的人力、物力、财力的货币表现。主要分为三个大的层次：①宏观的教育投资；②中观的教育投资；③微观的教育投资。教育投资是教育资源配置的重要手段。

教育投资包括国家投资、社会投资和个人家庭投资。从世界范围看，教育投资的筹措与国家的教育管理体制有关。教育投资比例是指教育投资同社会其他经济指标的比较情况。研究这一问题有助于调节教育发展的速度与规模，提高教育的质量和效益，推动我国教育健康平稳地发展。确定教育投资比例的原则主要有教育发展与社会经济发展同步原则、需求决定原则、规模与速度原则和超前增长原则。确定教育投资比例的方法有两种：一种是比较法；另一种是定量法。教育投资比例的影响因素有经济因素、政治因素、人口因素、科技因素和国际环境因素等。

实现教育投资结构合理化的途径是：通过不断改革教育投资体制，政府加大支持力度，鼓励各种社会力量办学和利用多种方式实现教育投资主体多元化。多种投资方式主要有股份制办学、中外合作制办学、企业集团办学和公办企助式办学等。

当前教育投资管理体制存在的问题有预算制度方面的问题、教育经费管理体制的问题、教育资源浪费的问题、法制建设的问题和管理不严的问题。造成这些问题有主观方面的原因，也有客观方面的原因，但最为重要的还是管理方面的原因。因此，强化管理是保证教育投资有效利用的基础。

4.4.4　教育收益管理

需要掌握的重点问题是：教育收益的内涵与分类、教育收益的计量、我国教育社会经济收益的计量方法、美国教育收益的计量方法、提高教育收益的途径。

教育经济收益指的是一国或一地区教育或教育投资引起的国民收入（或国民生产总值）的增长与教育投资的比较，即教育产出与教育的关系。教育收益具有间接性、多元性、长效性、近似性四个特点。按照教育收益的性质，可以将教育收益分为社会收益（包括直接社会收益和间接社会收益）、个人收益（包括直接个人收益和间接个人收益）两种。

教育经济收益的计量分为个人教育经济收益的计量和社会教育经济收益的计量。个人教育经济收益的计量主要是研究个人通过接受教育给受教育者本人带来的经济利益，计量方法主要有明瑟收益率法和内部收益率法；社会经济收益计量主要是研究一个国家整体受教育状况对该国家经济发展速度产生的影响，计量方法主要有明瑟的代价收益图示法、舒尔茨的余数分析法、丹尼森的经济增长因素分析法等。

由于忽视教育投资的经济功能、对教育人才的浪费现象较为严重和教育本身缺乏国际竞争意识等原因，我国的教育经济基础很薄弱。为了有效地提高我国教育的经济收益，必须立足于我国良好的传统教育文化，学习国外成功的教育发展经验，加强与国外在高科技领域的合作，创造一个良好的教育发展环境，把我国的教育事业发展得更好。

4.4.5　教育产业管理

这部分阐述了教育产业的内涵、教育产业的特征、教育产品、教育产业管理的内涵与原则、我国教育产业的发展趋势等问题。

教育产业是一个包括教育主体产业、骨干产业、辅助产业、边缘产业在内的网络状系统。教育主体产业具有特殊性，不能简单等同于其他物质资料的生产，其他教育产业可以通过市场机制配置。通过对教育产业所处环境、地位、运营前提、运营方式、直接结果和运营的最终目标的分析，确定教育产业的定义；通过对公共产品、私人产品及准公共产品概念及属性的分析，确定教育产业的范畴；通过对教育产业的全局性、先导性、生产性和可经营性四个特征的分析，提出了对教育产业投资的建议；通过对教育管理与教育产业管理的比较，提出了教育产业管理的内涵；从教育产业的规模和质量、结构调整和布局、经济运行三方面系统论述教育产业管理的具体内容，指出了教育产业管理的重要意义；并从公平与效益两方面论述教育产业管理的原则，对教育产业管理发展的趋势进行了详尽分析。

4.4.6　教师管理

教育既是知识的生产者和传播者，又是牵引经济增长和驱使经济运转的动力，作为教育实践活动主体的教师在其中有着重要作用。通过对教师的劳动性质、教师的工作量、教师的工资制度、教师流动等问题进行经济学分析，阐述了如何对其实施有效的管理，并从四个方面具体论述了教师管理要适应市场经济开放性、竞争性、灵活性、动态性、法制化、科学化的新要求，变传统的“封闭式管理”为现代的“开放式管理”，变被动的“固定结构管理”为主动的“动态结构管理”。加大改革力度，不仅要确保人才相对稳定，特别是骨干教师与学科带头人的相对稳定，而且要吸引最优秀的人才到学校任教，逐步建立相对稳定的骨干层教师队伍和出入有序的流动层教师队伍，创设双向合理流动的运行机制。

我国是一个教育大国，合理配置教师资源是一个难度很大的问题。如果配置得当，就能大大提高教师资源的利用效率，为教育的发展做出贡献；如果配置不当，就会造成教师资源的巨大浪费。所以，教师资源也存在合理配置以发挥更大的经济效益和社会效益的问题。实现教师资源的合理配置，就是要使学校、社会、个人三者之间和谐发展。师资优化组合就是教师劳动力要素达到最优化组合和使用，即在合理的定员、定额和教师劳动效率指标基础上确定教师劳动的需要量。因此，衡量教师资源是否得到优化配置依然是以成本最小、收益最大为标准。只有了解教师资源优化配置的特征，才可能使广大教师经过科学合理的配置，真正实现人尽其职、人尽其才，最终达到质量和效率的高度统一。

4.4.7 教育的产学研相结合及管理模式

这部分阐述的重点问题是产学研相结合的内涵、美国产学研相结合的发展历程、我国产学研相结合的发展历程、我国产学研相结合的现状、产学研相结合的措施、产学研相结合管理。

走产学研相结合之路是实现教育与经济、科技相结合，加快经济增长和经济体制根本转变的重要途径。无论是政府、企业，还是高校、科研机构，都要从战略的高度加深对产学研相结合的认识，增强危机感、紧迫感，为科教兴国做出应有的贡献。近 20 年来，为适应经济体制改革需要，我国对科技、教育体制及其结构进行了一系列的改革，已初步形成了产学研一体化的格局。但从总体上看，产学研相结合还处于自发结合的低水平阶段。产学研相结合还缺少应有的政策法规的规范，如何从一个地区乃至全国整体发展的战略高度来思考高校、科研机构与地区经济、科技之间的关系，规范产学研相结合的健康发展，是全面建设小康社会的重要课题。

4.4.8 教育就业管理

阐述的重点问题是教育与就业的关系，我国教育就业管理中存在的问题，美国、德国、法国、日本等国教育就业的管理经验，我国教育就业管理改革的趋势，我国教育就业管理改革的政策建议。

改革开放以来，我国的就业管理改革已经取得了令人瞩目的成就。然而，随着社会主义市场经济体制的逐步建立和各项改革的深入，受我国经济、政治、社会及教育自身改革发展等诸多因素的影响，就业改革仍然有和经济社会发展不相适应的地方。因此，当前如何进一步深化就业制度改革、寻找毕业生就业制度改革的对策和措施，对做好今后的毕业生就业工作具有极其重要的意义。随着教育事业的蓬勃发展，教育与就业的关系日益密切，教育就业问题已成为全社会关注的热点问题。面对新形势、新挑战，必须对教育就业管理工作有充分的认识，不断更新观念，采取行之有效的措施，解决教育就业管理中亟待解决的问题。第一，必须进一步深化毕业生的就业管理改革，调动学校办学的积极性，增强高校主动适应经济建设和社会发展需要的活力与动力。第二，调动学生学习的积极性，强化学生自觉成才的意识。第三，调动用人单位参与高等教育的积极性，实现通过人才市场配置毕业生的就业机制。第四，进一步加强毕业生就业指导工作，把就业指导渗透到人才培养的全过程中。

就业问题是各国政府要解决的主要社会问题之一，各国都已形成了比较完善的就业管理体制。吸取各国教育就业管理的先进经验，为己所用、取长补短，结合我国现阶段的实际情况，探索出有中国特色的教育就业管理体制，已成为当前教育就业管理工作所面临的主要任务。

4.5　教育管理

4.5.1　教育行政管理

重点掌握教育行政体制的类型，世界教育行政体制的发展趋势，我国现行教育行政体制的特点与改革，教育政策的制定执行与评价，教育法规的原则制定与执行，教育政策与教育法规的关系，教育督导的任务对象步骤，教育评价的意义过程与方法，教育财政的职能，教育经费的筹措、分配与使用等问题。

教育行政管理主要介绍了教育行政管理中的教育行政体制、教育政策与法规、教育督导、教育评价以及教育财政五个大问题。其中，教育行政体制这部分重点介绍了我国现行的教育行政体制，并阐明了我国教育行政体制的历史沿革；同时，中央集权、地方分权、中央与地方共同合作这三种类型的教育行政体制呈现出均权化、民主化和科学化的发展趋势。

(1) 关于教育政策与法规，要注意二者的联系与区别。二者的联系表现在：它们都是上层建筑的重要组成部分，体现了统治阶级的意志，为统治阶级的利益服务，具有规范性。区别在于教育政策是主要的、根本的、居于统帅地位的，它是教育法规的指导思想和灵魂。教育法规是教育政策的具体化、条文化，是保证其贯彻执行的主要手段。

(2) 教育督导，是一种行政监督和管理的重要职能，是国家对教育实行监督和指导的有效机制和有力手段，也是现代教育的科学管理体系必不可少的重要组成部分。教育督导包括监督与指导两方面的内容。监督在于检查工作、掌握情况，是进行指导的前提；指导是在了解情况以后对工作提出要求和建议，二者相辅相成，不可偏废。

(3) 教育评价，既是教育督导的主要任务又是教育督导的重要方法和手段。教育评价是改善和提高我国教育督导工作，使其不断科学化的一条有效途径。在教育督导实践中，我们应该充分利用科学有效的教育评价，为改善教育管理、推动教育改革提供依据。

(4) 教育财政，是指通过合理地安排和使用教育经费，即做好预算内和预算外资金管理以及搞好教育行政机关的财务管理，来保证办学条件的逐步改善和教育工作的正常运行。它是实现国家教育政策目标的重要保证。

4.5.2　学校教育管理

这部分阐述的重点问题是：学校领导体制，学校管理制度，学校人事制度和劳动分配制度，教学管理及其发展趋势，教育科学研究工作管理、高校科研管理的实践与创新，学校人力资源开发与管理，教职工的任用与培训，学校后勤管理的实践与发展趋势。

重点掌握学校教育管理中的学校管理体制、教学管理、教育科学研究工作管理、学校人力资源开发与管理以及后勤管理这五个大问题。其中，学校管理体制又包括学校内部的领导体制、管理机构、管理制度、人事制度和劳动分配制度等。学校内部的领导体制是领导和管理学校的根本制度，支配着学校的全部管理工作。另外，当前我国学校的人事制度和劳动分配制度也存在许多弊端，其改革势在必行。

教学管理是学校的中心工作，也是学校工作中最经常、最大量和最基本的工作。因此，教学管理显得尤为重要。重视教学管理、创造优良环境，是提高教育质量、全面贯彻教育方针的根本保证。教学管理是一项系统工程，要充分发挥学校领导的主导作用和全体教师的主体作用，发挥学校、家庭和社会密切联系、相互作用的整体功能，强化、改进学校教学管理工作。

学校人力资源开发与管理通过合理地开发与管理学校的人力资源，实现学校教师队伍的精干与高效，取得最大的人力资源使用价值；实现教师主观能动性的最大限度发挥，培养创造性人才；实现学校与教师的共同发展，即在实现学校目标的同时，也提高教师的教学科研水平。

在整个学校教育管理工作中，后勤管理是较为重要的一个组成部分。因为学校的教育活动和教育目标都要以后勤工作做保障才能实现。后勤管理不仅是组织好工作，而且必须把教育、管理、技术、服务、育人结合、统一起来。同时，还要求能从事一定的技术革新和资源开发，以及在一定范围内的对外联合、协作、经营，不断提高服务质量、工作效率和工作效益逐步实现学校后勤管理工作的科学化和规范化。

4.6　本章小结与典型案例分析

4.6.1　本章小结

教育经济与管理从教育基本概念出发，切入教育经济的基本理论问题，集中研究了教育经济管理的内容，同时简明叙述了教育管理的基本内容。

第一，作为公共事业管理专业本科生所使用的教材，应该使学生对教育这个公共事业管理部门的内涵有所了解。因而，开篇就对教育的基本问题进行了介绍。

第二，论证了教育经济与管理学学科的基本问题，主要包括该学科的学科属性、研究对象、研究方法及其隶属的学科。

第三，阐释了教育经济与管理的宏观理论的教育经济重大理论问题，主要包括个人全面发展理论、现代人的生活质量与教育的关系理论、现代教育同现代生产相结合的特征与趋势、市场经济与教育变革、知识经济与教育创新等。

第四，教育经济管理作为该学科体系的核心内容，囊括了教育经济微观领域的全部管理问题，主要涵盖了教育的需求与供给管理、教育成本管理、教育投资管理、教育收益管理、教师管理及教育产业管理等。

第五，对教育管理的基本内容，如教学管理、科研管理、教育人力资源管理、教育管理体制、教育政策与法规、教育督导、教育评估等进行了简明扼要的介绍，旨在使公共事业管理专业的本科生对教育管理的主要内容有初步而全面的了解。

4.6.2 典型案例分析

案例一

创新引领，民办教育改革的“温州探索”

（李政葳、陆健）

当前，我国民办教育办学规模不断扩大，办学水平日益提升，已成为我国教育体系的重要组成部分。然而，当前全国多地民办教育机构面临融资难、生源锐减、教师队伍不稳定等困境。地方民办教育如何发挥特色、健康持续发展？

从1978年温州永嘉县桥下村村民朱月娥创办的家庭幼儿班起，温州民办教育已走过了40余年，如今已呈现出百花齐放的繁荣景象。从民办教育的温州模式创立，到“民办教育看温州”的样本效应显现，浙江温州在民办教育改革路上一直勇当探路者。

“温州民办教育走活了改革开放这盘大棋，实现了从无到有、从少到多、从弱到强的华丽转身，成为了现代化教育体系的重要组成部分，为全国民办教育改革贡献了‘温州经验’。”在日前举办的温州民办教育发展论坛上，温州市政府副市长郑朝阳这样说。

1. 创新精神，率先探索实践民办教育改革

温州是民营经济的主要发祥地。改革开放以来，温州人发扬敢为人先、大胆创新的时代精神，率先进行市场化改革，民营经济蓬勃发展，形成了耳熟能详的“温州模式”。

创新精神早已融入“温州模式”，温州的民办教育也不例外。有数据显示，温州现有基础教育阶段学校2485所，在校生139万人。其中，民办学校1383所，在校生45万人，占全市在校生总数的32%，民办教育承担了全市近1/3的教育任务。

创立全省第一个家庭幼儿班、发行温州大学“三元券”、温州中学出现自费生……这些，原本只属于温州人自己的记忆，却为温州乃至中国的教育改革，带来振聋发聩的声音。多年来，温州教育的发展都没离开过民办教育的贡献，鼓励民办教育，实行公办、民办“两条腿走路”，是温州“大社会办大教育”的历史经验。

“民办事业单位突破民办非企业单位法人属性对民办学校的种种约束；以非营利性民办学校举办者对原始投入拥有所有权突破民办学校法人财产权，以办学权、收费权质押和非教学资产抵押等金融创新，来突破民办学校融资难题……”在温州市教育局局长郑建海看来，民办教育综合改革试点工作没有样板可学，没有现成经验可鉴，只能靠发挥主观能动性，靠创造性的实践能力，靠突破创新、敢为人先的精神。

"突破与创新，成为温州民办教育的主旋律，在全国产生广泛影响，具有开民办教育改革先河的意义。"郑建海说。

2. 创新政策，为民办教育增活力、添动力

回顾温州民办教育发展过程，有三次政策性突破值得关注：2011 年，温州作为国家民办教育综合改革试点，制定出台温州民办教育 1.0 版"1+9"政策文件，率全国之先对民办学校分类登记管理。

2013 年，政策体系再次升级，形成了 2.0 版的"1+14"新政，在师资、产权、税费等方面进行"制度重建"，近年来累计吸引社会力量办学 70 多亿元。

2018 年，温州民办政策优化力度再创新高，形成被誉为温州民办教育 3.0 版的"1+9"政策，按照民营经济发展的更高标准和民办学校办学的更高要求，持续推动民办教育规范、优质、品牌发展。

"新政最大亮点在于继续保持了温州民办教育的先进性和引领性。"温州市教育局民办教育处相关负责人介绍。

关于先进性，进一步明确"公办保基本，民办促选择"的目标定位，继续强化民办学校党的领导，坚持分类管理政策下的公益导向，深化委托管理、PPP 模式、混合所有制等办学体制改革，探索营利性民办学校通过上市等融资方式进入资本市场做大做强，加大社会力量办学的政府扶持力度等方面。

关于引领性，新政既贯彻国家民办教育新法新政的精神，也很好地延续衔接了原温州民办教育"1+14"政策，并在一些领域进行创新和突破。比如，明确且可操作的财政扶持体系、现有民办学校产权归属和资产处理办法、土地使用优惠政策、优质民办教育品牌引进优惠政策、教师待遇保障和激励制度、民办学校星级评定办法、现代学校制度建设等。

"'新政'从建立健全办学机制、提高教育教学质量、加大财政支持和要素保障力度等 7 个方面，为温州新一轮民间办学指明方向。在贯彻落实国家、省的法律、政策基础上进行适度创新，如资产归属、退出机制、收费、财政扶持、土地、星级学校评定等内容。"该负责人还表示，这就好比为温州新一轮的民间办学装上了"发动机"、建好了"加油站"、提供了"导航图"、改善了"服务区"。

3. 创新发展，构建民办教育新生态

在民办教育发展中，部分地方的民办学校自律不够，在招生、管理、教学方面也存在不规范的现象，甚至影响了行业形象和秩序。"民办学校在获得充分办学自主权的同时，必须要坚持规范办学，把握好自主办学与规范管理的平衡，自觉遵守有关法律、法规和政策，规范办学行为，强化内涵建设，增强核心竞争力。"郑建海这样说。

为此，温州全面加强民办学校的管理，推进民办学校规范化建设。比如，2017 年制定出台了《关于进一步加强民办学校规范管理意见》，对招生、收费、招聘等问题进行了规范；去年温州新政还出台了《温州市民办学校规范管理和信息公开办法》，加大对违规违法办学行为的查处力度，建立违规失信惩戒机制；出台了《温州市民办学校办学水平星级评定办法》，将民办学校办学行为规范作为重点内容纳入评定标准，对全市民办学校按照五星级、四星级、三星级进行评定，星级评定结果和财政扶持挂钩。

另外，在财政扶持方面，近五年，市、县两级财政支持民办学校达11.77亿元，金融机构向民办学校授信50多笔，额度达15个亿；在教师队伍建设方面，为保障民办学校师资配置，“新政”出台了多项举措，比如，对符合条件的民办学校专任教师，可参加事业单位养老保险并同步建立职业年金等。

据近七年不完全统计，温州市民办学校引进高级职称教师、特级教师、省名师名校长600多人，吸引社会资金投资办学近70亿元，民办教育优质资源得到快速扩展，满足了社会对优质特色教育的需求。

“温州民办教育经历了‘由量变到质变’的过程，正呈现出百花齐放的繁荣景象；下一步，将以‘继续走在全国前列’为目标，持续推进办学主体多元化、办学形式多样化、办学质量品牌化，巩固提升‘民办教育看温州’的样本效应。”郑建海说。

（资料来源：光明网2019年2月20日）

案例二

“数”看温州民办教育

——民办高中学校数近半　优质民办品牌看好温州

（陈燕平）

根据温州市教育局民办教育处数据统计，截至2018年9月底，温州现有基础教育阶段学校2465所，在校生139.88万人，其中民办学校1348所，在校生44.18万人，占全市在校生总数的31.6%，民办学校的崛起与品质提升，有效缓解了公办教育的压力。

1. 86.7%民办幼儿园占比超八成

民办幼儿园一直是温州幼儿教育的主力军。1982年，乐清县虹桥镇诞生了温州第一家民办股份制幼儿园，温州人开始了“民办教育”探索。此后，温州人发扬敢想、敢说、敢闯、敢为人先的创业精神，抓住机遇，运用政策，大胆试验，爱绿、百佳、金太阳……一个个幼儿品牌如雨后春笋般冒出，有效缓解了温州幼儿教育压力，同时也树立起温州幼儿教育品牌。

根据温州市教育局民办教育处数据统计，截至2018年9月，民办幼儿园在园人数已达到24.46万人，占总在园人数的81.5%。民办幼儿园数量为1234所，同比上年减少37所，公办幼儿园同比增加25所。“近几年，温州加大了公办幼儿园的办学力度，整合了不少园区。同时市场的优胜劣汰机制也迫使一些幼儿园关停。”相关负责人解释。

2. 30.95亿优质民办品牌看好温州

截至2018年9月，温州民办小学数量已增至20所，同比上年增加了3所学校。在校学生数量达8.16万人，占小学在校学生数的13%。温州2018年新引进上海世外、南京理工大学紫金学院等教育品牌来办学。2018年全市新引进和在建民办学校项目23个，总投资额30.95亿元，占地面积53.87万m^2。与此同时，温州民办教育正在通过集团化办学不断整合资源，共享资源，优化资源。2018年，温州本土老牌民办学校也得到进一步整合、扩大，目前，全市已经组建14大教育集团。温州瑾瑜教育集团、温州御格教育集团、温州米蓓尔教育集团等均在2018年进行整合、重组。其中，温州瑾瑜教育集团旗下有南京理工大学紫金学院、温州市白鹿外国语学校和温州市龙湾区状元智慧七巧板幼儿园等，精心打造从幼儿园、中小学到高等院校十九年系列教育的社会力量办学实体。

3. 43.3%民办高中学校数近半

截至2018年9月底，温州现有民办高中学校45所，占总普高学校数的43.3%，在校学生数3.81万人，占普高总在校学生数的32.5%。其中，乐清、苍南是县（市、区）中民办高中较集中的区域。另外，也有不少学校利用优势资源，探索新的国际班合作模式。

2018年底，温州中学国际部（温州外国语学校高中部）在温州外国语学校挂牌成立，采用国际教育班和普高特色班“双轨制”办学模式，温州学生就读高中又多了一个新选择。北大新世纪温州附属学校牵手剑桥大学中国遴选中心，设立剑桥储英班，为温州学子搭设通往名校的通道。

事实上，温州高中探索国际教育由来已久，中美班、中加班、中韩班等拥有不少好口碑，温州森马协和国际学校高中部也一直是名校培养的摇篮，校内即可学习美国AP、英国AL课程，提前做好职业规划与申报导向，部分选修课程可折抵大学学分。（数据截至2018年9月，由温州市教育局民办教育处提供）

（资料来源：《温州商报》2019年5月31日）

案例三

教育与经济关系的实证分析：温州案例

（刘剑虹、刘燕舞）

教育与经济的关系是教育经济学的基本理论问题。经济发展决定教育发展，教育发展反过来又促进或制约经济发展。从理论抽象角度看，这一观点大抵没有什么错，但当我们深入到具体层面时，不难发现教育与经济的相互关系远非教科书所述的那样简单，相反却呈现异常的复杂模糊性和多彩多姿。本文选择具有典型意义的温州民办教育模式案例，力求展示教育与经济发展的复杂关系，以期为教育尤其是民办教育的健康发展提供若干启迪。

1. 土壤与空气：现代性的教育隐语

在教育与经济关系的探讨中，必须坚持经济的决定性作用这一马克思主义思想。但经济发展对教育发展的决定性并非呈线性或直接的关系，事实上它们之间或隐或显地“弥散”着许多“中介物”，有的甚至显得非常“抽象”或理念化，有的还与该区域的历史文化禀赋密切相关。这一点在温州案例中也可得到有力的佐证。

温州以温州经济模式闻名中外，其主要特点是民营经济与市场经济的天然结合，利用民营化和市场化来推动区域的工业化和城市化。“温州模式”或温州民营经济最主要的特点有：一是市场主体或微观经济主体的多元化或民营化，从而完成了市场经济体制的区域性构建和民本经济的历史性创造；二是以专业市场为纽带，在区域内外铺展了资源市场性配置的巨大空间，从而闯出了社会主义新农村发展的崭新之路。温州人在创办民办教育事业中吸吮这一土壤的养分，又一次为中国创造了具有典型意义的温州民办教育模式，为区域教育尤其农村教育现代化提供了难得的宝贵经验。

温州民办教育模式是温州经济模式所带来的，这从温州民办教育发展模式的基本特征中可以得以实证。一是投资主体多元。通过采取国有民办、民办公助、股份合作、企校联办等形式，鼓励企事业单位、社会团体、民主党派、海外华侨和其他有识之士来投资办学，使社会力量办学、民办教育质量向更高层次和更宽领域拓展。二是办学形式多样。就民间办学形式来讲，既有全日制学校，又有短训机构，既有升学预备教育，又有职业教育。它以灵活的机制和鲜明的特色，赢得了社会各界和广大家长的信任和欢迎，产生了良好的经济和社会效益。三是智慧式管理。在民办教育发展中，温州市各级政府积极引入管理市场经济的成功经验，实施开放办学，制定鼓励民办教育的政策、法规、措施，引导社会力量参与开发教育市场，这对促进民办教育发展起到了积极的推动作用。温州民办教育模式的三大基本特征证实了民营经济这一土壤的真实存在和两者间密切关系。同时，不难发现民营经济对民办教育的影响或决定性作用，更多的是体现在民营经济所形成的“最终成果”上而不是经济运行过程中，民间资本和市场机制只是民营经济向社会提供的“产品”，民间办学的趋利性是民营经济与单一产权性在教育中的现实体现。这就说明经济对教育的影响是由“中介物”所产生的，呈现其间接性。

温州经济模式对民办教育的影响，除去上文论述的显性影响外，还存在一些隐性影响因素。长期的一以贯之的经济发展观念、思想、思维方式、经营活动等“文化记忆”或“文化惯例”培育了这一区域人力资源的独特的技能与知识禀赋，或者说经济文化禀赋，从而构成这一区域经济、社会、文化、教育发展的潜在的力量。温州的重商文化、海洋文化、移民文化和事功主义使温州人的思维呈现灵活、执着、大胆、超框框、敢为人先、功利等鲜明特点，对市场和商机有着非凡的嗅觉与敏感性。温州人在民办教育实践中，最大限度地发挥其思维上的长处，将市场经济规律与教育规律成功对接，从而创造具有温州特点的民办教育模式，因而说温州人经济性思维惯例是弥散在民办教育发展过程中的空气，无时无刻不在影响着民办教育事业。

2. 教育与经济关系的不同表现形式：阶段性视角

教育同一定的社会生产力息息相关，但它们之间的关系并不是机械的对应关系。不能认为生产力达到什么水平，教育一定或只能达到什么水平；反之，教育达到一定水平，在生产上也未必就能得到相当的效益。教育与生产力发展的不平衡状态是常见的现象，这种不平衡性，昭示着两者之间关系在不同历史时期和经济发展水平上有着不同的表现形式。

改革开放以来，温州经济发展具有阶段性特征，教育发展也经历了几个清晰的发展阶段。经济发展与民办教育发展的阶段性有密切的相关性，但并不同步同水准发展，而是呈现位次先后的变化。

“温州模式”以民营经济为特色，始于20世纪70年代末温州农村。第一代私营企业主大多为具有某种手工艺或商业活动经历的农民，温州经济发展还处于起步阶段，经济实力并不强，一时还难以支撑教育的大发展，此时经济水平对教育发展有着明显的制约作用。但有一个现象却诱发民办教育的萌芽，即温州人大量外出经商，这样子女看管就成了一个棘手问题。于是，“寄托”方式（即让孩子在公立学校读书且寄住教师家，由教师代管）应运而生。由于当时教育部明文禁止教师提供“寄托”服务，加之“寄托”规模有限，无法满足大量“留守孩子”托管需求，寻求新的子女看管方式势在必行。另外，伴随高考制度恢复，考上大学成为温州人一种强烈的教育祈求。这样，高复班、文化补习学校与“寄托”服务构成了1978年至1985年这一时期温州民办教育的萌芽特征。可以说，这一时期教育与经济的联系并不紧密，但有拉近之趋向。此外，经济初级发展尚未构成对教育发展强烈的需求与推动。

20世纪80年代中期，温州经济向着联合方向发展，合伙或股份合作企业制度开始萌芽、成长，到了80年代末，这种以私营性为隐性特征的企业合作制得到当地政府的规范、扶持，其结果大大促进了民营经济的技术层次提高，生产规模、档次、利润也都相应地得到提高。在这个时期温州教育在浙江省处于相当落后地位，因而人力资源尤其较高层次的人力资源还相当缺乏。由此，合作经济发展实际上给温州教育提出了适应性要求，但那时温州公立教育资源也贫乏，这就为民办教育发展提供了巨大的空间。加之民营经济与民办教育有着天然的亲密感、血缘性的联系和众多的共性，民办教育就成了教育体制与多种所有制并存的经济结构接轨的重要接口。

1985—1992年，温州民办教育进入了第二发展阶段。在1985年《中共中央关于教育体制改革的决定》颁发后，以第一所合法审批创办的民办学校——乐清七里港高级中学的诞生为标志，16所民办普通中小学和13所民办职业学校先后成立。民办学校办学模式、运行机制的灵活性和初步市场化，从中可见或多或少的企业或工业的影子。此时，企业与学校实际上处于一种共生关系。在这一时期，经济对促进教育发展的决定性作用是显而易见的，但不能忽视民办教育自身发展的内在动力。民办学校是在市场环境中创办的，求生存、求发展成了这一时期民办教育的核心主题。不过，这一时期教育与经济虽然有着“共生的关系”，但发展水平有别，经济在先、教育相对滞后的局面未彻底改变。

1992年，邓小平“南巡讲话”发表，党的“十四大”确立发展社会主义市场经济，温州经济也进入了波澜壮阔的大发展时期。温州经济发展需要开掘新的市场要素和动力机制，尤其是对人力资本的需求量日趋扩大，对层次性提高日益强烈，“教育优先发展”成了此时温州人普遍认同的观点，民间资本开始较大规模地投入民办教育领域，政府也开始为“教育优先发展”设计相关的政策和提供舆论上的支持。在这种形势下，温州的民办教育也进入了蓬勃健康发展的新时期，民办学校数在浙江省位居第一。温州民办教育发展过程非常深刻地提示了“教育优先发展”的立论基础、前提条件和阶段性特征。换句话说，“教育优先发展”只有在经济发展到一定程度时方有实施的现实基础与条件，同时经济发展对教育发展的决定性作用在现代社会和区域主要发展阶段中都是十分明显的，经济对教育的影响与作用，不仅仅是在资源上，更主要是在体制、机制和制度方面，甚至人们的思维惯例也隐性、深刻地影响着教育的发展。因此，我们不难理解温州民办教育模式具有投资多元、形式多样、管理智慧的特征，也不难理解温州民办学校大多建立在私营企业聚集之地和职业教育在温州特别受欢迎。“温州案例”实际上是一种经济与教育“互动模式”。它揭示经济与教育之间的特殊关系和规律，这对于欠发达的农村地区有相当大的典型意义。

3. 教育发展的独立性：一个公益性观点

温州民办学校的举办者，并不忌讳民办教育的产业性，而且坚持“谁投资谁受益”的产权原则。无可讳言，温州民办教育的生长与民间资本的寻利性是相关联的，也就是说在创办民办学校之初有相当比例投资者是出于赚钱之目的的，也有部分投资或办学者是教师特别是退休教师，以实现未竟的教育理想为主要目的。随着民办学校开办与扩大，原有的办学动机或多或少发生了变化，事实上这种变化并未放弃利益的基本追求，只是将“利益”放大、放远。所谓放大，指的是认可教育的公益性，认为民间资本出于民间，应归于民间，服务于民众。民办教育是一种大众教育，以谋求公共利益为宗旨，用公益性来获得良好的社会影响和巨大的社会声誉。所谓放远，指的是以下两个判断：一是好的学校有好名声，能间接地带动、促进企业的发展，二是办学校从长远看有市场，也有效益，只是不要急功近利。这种利益观逐步确立，深层的原因是在办学实践中逐步认识到教育发展的自身规律，市场或经济规律在办学体制、机制等环节上有遵循的价值，但在教育过程中无法替代教育自身的规律性，这样就认同了教育发展的独立性。同时，也认识到只有坚持教育的公益性，民办教育才有扎实的民本基础和政府的政策支持，这样就为“市场化公益行为”立了极好的价值导向。

温州民办教育之所以能坚持公益性，又不放弃一定的经济回报的最初期待，是因为有政府的适度治理。温州各级政府在市场经济建立中已熟悉地掌握了政府治理的智慧与技巧，适度适时地介入民办教育领域成了各级政府的自觉行为。在浙江省，最早出台规范社会力量办学管理办法是杭州、温州两市政府。就《杭州市社会力量办学管理办法》(1989)《温州市社会力量办学暂行规定》(1993)，两个政策文本做一比较，后者对民办学校的公益性作了旗帜鲜明的规定。《暂行规定》提出“社会力量办学应全面贯彻国家的教育方针，接受当地党委、政府的领导及教育行政部门的指导，遵守国家的法律、法规，坚持按教育规律办学和以社会效益为主要目的，按照上级规定的办学条件和标准要求，全面提高教育质量”。并对办学行为作出了一系列的规范，如民办学校组织构架、办学自主权、师资选聘、社会保障、财务管理等。杭州市到 1995 年颁发《民办中小学管理条例》时明确民办中小学“属于公益性的地方教育事业”。

从“温州案例”中透视教育与经济关系的复杂性与现实性，其目的是为民办教育发展提供另一种战略性视角和区域教育现代化的策略依据。“温州案例”虽然只是一个区域的实证，但由于“温州模式”所具有的不可否认的典型性，因而它的意义不仅仅属于温州一个区域，而具有超区域的借鉴价值。

（资料来源：《教育与经济》 2006 年）

思 考 题

1. 简述教育经济与管理的定位及发展现状。
2. 什么是教育？教育的本质是什么？
3. 举例说明教育与社会生产力之间的关系。
4. 谈谈教育与社会政治经济制度之间的关系。
5. 试归纳个人全面发展的基本含义，并结合实际加以论述。
6. 简述制约个人全面发展的因素；论述教育对于现代人的全面发展的作用。
7. 现代教育同现代生产结合的特点有哪些？

8. 市场经济体制引发了我国高等教育的哪些变革？你如何看待这些变革？

9. 我国存在哪些教育不公平现象？原因在哪里？

10. 从经济发展的视角看，创新人才应具备什么样的特质？

11. 在知识经济社会中，教育如何进行改革与创新？

12. 分析说明我国高等教育机会供求矛盾及高等教育产品供求矛盾。

13. 简要说明我国政府对教育供求均衡的宏观调控。

14. 谈谈你对教育成本的理解；怎样控制教育成本？

15. 确定教育投资的原则和方法是什么？在国际上教育投资管理体制有哪些类型？各自的特点是什么？

16. 为了提高教育社会效益，我国的教育管理部门应该在哪些方面加大努力？

17. 教师的含义及其劳动性质有哪些？你对当前教师流动的现象有何看法？

18. 产学研相结合的内涵是什么？你对我国产学研合作的现状有何看法？

19. 如何理解教育与就业的关系？如何建立有中国特色的教育就业管理制度？

20. 当今世界教育行政体制的发展呈现哪些趋势？

21. 教育政策的特点有哪些？我国教育立法应该遵循哪些原则？

22. 结合实际谈一谈我国建议建立教育督导制度的意义。

23. 当前我国学校人事制度和劳动分配制度存在哪些弊端？

24. 教学管理的发展趋势有哪些？教育科学研究工作管理的内容有哪些？

25. 编制学校人力资源计划有哪些环节？每一个环节具体应怎样做？

进一步学习导引

1. 推荐阅读

(1)《教育经济与管理（第 2 版）》(娄成武，史万兵)。

(2)《教育经济学》(多米尼克·J. 布鲁维尔，帕崔克·J. 迈克伊万)。

(3)《教育经济学》(刘志民)。

(4)《教育经济学》(范先佐)。

(5)《高等教育经济学》(徐国兴)。

(6)《教育管理学：理论·研究·实践（第 7 版）》(霍伊，米斯尔)。

(7)《新编教育管理学（第 2 版）》(吴志宏)。

(8)《教育管理学（第 5 版）》(托马斯·J. 瑟吉奥万尼)。

2. 主要课程

主要课程包括：教育学原理、教育经济学、教育管理学、中国教育史、外国教育史、教育科学研究方法、教育统计与测量、教育经济与管理专题研究、教育政策研究、心理学、教育经济学名著选读、当代教育前沿问题专题讲座、教育财政学、教育哲学、比较教育学、教育组织行为学等。

第 5 章

土地资源管理学概论

土地是人类安身立命的基本资源，是人类赖以生存与发展的基础，是一切生产和生活资料的来源。作为一种不可再生的有限资源，如何有效可持续地利用土地为人类社会服务，实现人类社会的繁荣与自然系统的平衡，是一个重大社会经济和政治议题，也是一门重要的科学。土地问题在当今无论在全球层面还是对我国来说，都是一个复杂紧迫的重大问题。全球来讲，土地数量减少、土壤退化以及土壤污染等土地问题成为威胁全球持续发展的重大问题之一。对我国来说，土地国情最大的特点是人多地少，耕地资源相对紧缺，用全世界 9%的耕地养育着近 1/5 的人口。我国经济的快速发展在提高人民收入、增强国家实力的同时也对土地提出了崭新的挑战，土地问题已成为当今社会经济发展中关系社会、经济、环境保护等多领域的核心问题。同时，生态文明建设成为社会主义新时代的奋斗方向，也要求对珍贵的土地进行更加科学合理的利用。

因此，科学准确地理解土地问题并提出最佳解决方案，比以往任何时候都更加重要和紧迫。土地资源管理学就是研究如何利用有限的土地实现最大的社会经济和环境效益的学问，它是公共管理专业门类中的一个重要专业方向。土地资源管理学在我国的发展经历了曲折复杂的历程，发展至今已成为一个多学科交叉的综合学科，并在上百所高校广泛开展，为我国土地管理培养了大量的专业人才。随着我国社会经济的进一步发展，土地资源管理学将发挥越来越重要的作用，土地资源管理将成为广大青年发挥才能的更大舞台。本章主要从四个方面介绍这门专业学科：①首先介绍土地资源管理学学科的定位与发展现状；②接下来介绍土地资源管理学学科的历史发展；③然后介绍土地资源管理学学科的主要研究内容；④最后提供相关案例的学习，以期为读者提供一个简单通俗的专业导航。[1]

---

[1] 文章关于土地资源管理专业的学科演变的内容参考了如下文献资料，特表示致谢。

（1）韩桐魁．新中国土地管理学科的发展史［OL］．https：//www.sohu.com/a/203177464_822154.

（2）黄贤金，刘友兆，陈龙乾，陈秀琴．我国土地资源管理高等教育课程体系的建设与改革研究［J］．高等农业教育，2001（12）：50－54.

（3）李新举，于开琴，王瑗玲．土地资源管理专业的现状与对策［J］．学理论，2010（31）：285－287.

（4）刘璐桢，周为吉，郑荣宝，张春慧，李爽．基于学科知识图谱的国内土地资源管理学科演进及其进展研究［J］．中国农业大学学报，2017，22（1）：189－202.

（5）龙华楼，屠爽爽．土地利用转型与乡村振兴［J］．中国土地科学，2018，32（7）：1－6.

（6）卢新海，张继道．关于土地资源管理专业高等教育发展的思考［J］．中国地质教育，2007（2）：30－33.

（7）王万茂．中国土地科学学科建设的历史回顾与展望［J］．中国土地科学，2001，15（5）：22－27.

（8）王万茂．中国土地科学学科建设：历史与未来［J］．南京农业大学学报（社会科学版），2011，11（2）：15－19.

5.1 土地资源管理学学科定位及发展现状

本节介绍了土地资源管理学的学科定位和发展现状。土地资源管理学是一门综合自然科学、工程科学以及社会科学的交叉学科，兼具理论性和实践性，培养专业复合型土地管理人才。随着时代发展，越来越多的高校开设土地资源管理学专业，并且各具特色，为国家的土地管理提供了大量优秀人才。

5.1.1 土地资源管理学的学科定位

土地资源管理学是综合经济学、法学、管理学、地理学、生态学、规划学等多学科知识来探究和解决土地资源的合理规划与利用的综合交叉学科。土地资源管理学是管理学的一部分，属于公共管理门类下的重要专业方向。作为一级学科的公共管理，其次级专业目录中共 16 个专业，土地资源管理学排在第 6 名。作为一项兼具理论性和实践性的学科，土地资源管理学运用现代管理理论、经济管理理论和新的测量技术、信息技术，对土地资源的现状进行调查和评估，为解决土地资源利用问题提出可行方案。

土地资源管理学的本科核心课程包括管理类、资源生态类、工程技术三大类，充分体现了社会科学、自然科学和工程科学综合交叉的学科属性。管理类核心课程有公共管理学、土地管理学、土地经济学、城市与房地产经济学、不动产估价理论与方法、土地政策与土地法学、不动产法与住房政策、房地产金融与投资、建设项目管理、房地产营销、城市与房地产开发、地籍管理等；资源生态类核心课程包括土地资源学、环境与自然资源经济学、城市地理学、土地生态与景观设计、土地遥感等；工程技术类核心课程包括土地测量学、区域与城市规划、国土空间规划、土地整理工程、土地信息系统、房地产信息系统、建筑识图与构造等。在主干课程设置上，不同高校根据自身特色有所偏重。例如：华中农业大学的土地资源管理专业更倾向于公共管理学，南京农业大学更倾向于公共管理学和应用经济学；还有一些高校偏重环境科学技术、地理科学、生态科学等。另外，土地资源管理学专业实践性很强，很多课程与实践有着紧密的联系，例如土地测量学、建设识图与构造、土地规划学、公共管理学等。很多高校在设置中都设有不同程度的实践环节，以培养学生的实践能力。

在人才培养方面，土地资源管理学专业培养多元复合型人才。它培养从事国土资源管理、土地政策与法规分析、土地利用规划、地籍管理、地产开发与经营管理、地产咨询评估决策以及城市经营管理的复合型专门人才。毕业生去向非常多元：①可以去政府部门，如各级政府土地和城市建设管理部门及政策研究机构、城市规划管理部门；②可以去房地产相关企业单位，从事投资管理、项目发展、营销策划和人力资源管理等工作；③可以去地产咨询评估机构、各类银行等金融机构；④可以去研究性机构如何高校及科研院所等。另外，随着我国乡村振兴战略的提出，农村土地管理是乡村振兴的重要制度保障，农村相关领域的工作都离不开具有丰富土地资源知识的人才，广大农村也已成为有志于土地管理人才施展才华的广阔天地。

我国幅员辽阔，国土资源丰富，为我国社会经济的长期快速发展提供了源源不竭的动力。然而随着社会经济的发展，我国土地利用面临新的挑战。快速推进的城市化和工业化浪潮在提高国民社会生活水平的同时，也使土地利用和耕地保护遭到严峻挑战。土地的过度开发使得环境问题越发严峻；土地制度和土地政策的不完善使得土地利用中出现了层出不穷的社会矛盾，亟待解决；近些年房地产市场急剧扩张，改善国民生活质量的同时也带来了与土地利用相关的矛盾，例如结构不合理、竞争无序等问题。“十分珍惜、合理利用土地和切实保护耕地”是我国长期的基本国策，如何在有效满足社会经济发展过程中不断增加的土地需求和保护耕地的基本国策之间需求有效的平衡，是一项重大的时代课题。这个时代课题，为土地资源管理学提供了绝佳的机遇，为有志于土地资源管理的青年学子提供了广阔的发展舞台。

5.1.2　土地资源管理学的发展现状

从教育方面分析，从1956年东北农学院（现为东北农业大学）成立我国第一个土地规划与利用专业起，几十年来我国土地资源管理高等教育获得了巨大发展，已经形成了一个从本科到博士（以及博士后流动）全面完整的高等教育体系。1997年，国家调整高等教育专业目录，将土地规划与利用、土地管理、房地产经营与管理等相关专业调整更名为土地资源管理专业，自此土地资源管理学成为一门正式的学科，划归在公共管理学科后。1998年国土资源部成立，开办土地资源管理专业的高校数量迅速增加。发展至今，已有124所高校开设土地资源管理学专业，数十所高校具有硕士点和博士点。在这124所高校中，各种层次的高校皆有，有亚洲名校和“985”工程高校22所，“211”工程（非“985”）高校30所，其他重点院校48所，一般院校24所。比较著名的大学有中国人民大学、中国农业大学、同济大学、南京师范大学、北京师范大学、南京农业大学、中国地质大学、四川大学、天津大学、武汉大学、浙江大学、华中农业大学、南京大学等。院校类型也非常多元，涵盖了综合类、农林类、理工类、财经类和师范类等高校。各个高校根据自身学科优势努力在土地资源管理专业教育中寻求办学特色。例如：有的学校侧重土地资源学研究；有些农业大学依靠自身土壤学专业开办土地资源管理专业；有些师范大学在地理学基础上开办土地资源管理专业，在城乡规划、土地资源高效利用等方面颇具优势；有的学校侧重土地规划与利用研究，该方向主要集中在农林类院校，例如华中农业大学、东北农业大学、河北农业大学，其研究特色集中于农村土地问题、耕地保护问题，土地利用变化等方面：还有的高校侧重于土地工程技术研究，地矿类和测绘类高校侧重于该方向，例如侧重于地矿类的中国矿业大学和侧重于土地信息技术的武汉大学等；还有的高校侧重于土地经济问题研究，以财经类院校为主要代表，该类学校具有强大的经济学专业优势，例如内蒙古财经大学、安徽财经大学、贵州财经大学等；还有些学校侧重公共管理角度，因其自身明显的公共管理专业优势该方向更多由综合型大学来承担。

目前，土地资源管理专业发展获得长足进步，但也面临一定的挑战。例如，学科定位存在一定的偏差，大部分土地资源管理专业文科偏向明显，缺乏足够的数理和工程技术的学科支撑。土地资源科学是融合自然科学、工程科学和社会科学的综合性交叉学科，这就意味着在培养方案和培养过程中必须要平衡各个学科，不然会导致偏离专业培养方向。同样，由于缺乏综合学科的背景，土地资源管理专业的教师也往往出现“偏科”现象，难以适应土地资源管理学科所要求的综合性和交叉性特征，真正兼具自然科学、社会科学和工程科学背景的教师相当缺乏，对学生培养质量产生一定影响。值得一提的是，随着近些年高校在软件和硬件上的投入不断增加，师资力量得到大大加强。

从科技研究方面分析，20 世纪 80 年代以来，我国的土地资源管理领域（或整体的土地科学）取得了重大进展。第一，土地管理业务得到大大加强，土地调查、规划技术水平不断上新台阶；第二，开展了土地调查、检测、评价、规划的技术标准、技术规程的编制研究，为土地管理技术体系的建立打下了坚实的基础；第三，开展科学研究和技术创新，为土地管理事业发展提供了理论依据和科技储备；第四，组织实施了土地资源监测调查工程和土地资源基础数据库建设；第五，土地科技队伍不断扩大。同时，土地科技发展还有很多方面有待进一步努力。例如，我国的科技创新能力总体偏低，具有全国性和国际意义的科学创新和技术创新相对不足；高新技术应用滞后，土地科技单位的现代技术装备不足；成果转化和产业化程度还不高，解决重大实际问题的能力还不强等。

在专业学术期刊方面，至今已经有多种土地资源管理方面的学术期刊，如《中国土地科学》《人文地理》《地理科学》《地理研究》《资源科学》《经济地理》《地理学报》《自然资源学报》《山地学报》《农业经济管理》等。由于土地资源管理广泛涉及其他自然与社会问题，因此土地相关研究经常发表在其他综合性或专业性的期刊上。

随着我们的国家进入社会主义新时代，土地资源管理学面临前所未有的机遇。战略层面，建设生态文明、乡村振兴以及新型城镇化等国家战略为土地科学提供了最适宜的制度背景。另外，国家综合国力的不断提高为土地科学提供了坚实的物质基础。人才方面，国家实施人才强国战略，极大地调动了国内高等院校和科研部门培养人才的积极性，必将为土地科技发展培养一大批优秀人才。从技术支撑来看，科学技术日新月异，将给土地科技带来革命性的变化，土地科技将呈现集成化、综合化、数字化和交叉融合的发展态势。定位技术、遥感技术、巨型计算机和海量存储、信息交换技术的快速发展，将给土地调查、监测、数据传输、分析、模拟、预测的快速发展提供难得机遇。

5.2 土地资源管理学的历史发展

本节将介绍土地资源管理学专业的国内外发展历程。土地资源管理学是一门相对年轻的学科，其理论基础源于多种学科。在我国，土地资源管理学经历了从外国学习到自主发展的历程，至今已经形成了相对成熟的学科体系。

5.2.1 土地资源管理学在国外的历史发展

土地资源管理学是一门相对年轻的学科，一般认为源于 20 世纪 30 年代的景观学和土地类型学研究。但是在增长的历史中，不同国家针对土地的规划与利用展开了丰富的历史实践，其中涌现出的重要思想人物不断为土地科学理论进行探索，为我们展开了理解土地这一古老的自然与社会现象的复杂又迷人的实践与学术画卷。

史料记载，公元前 400 年，希腊开展全国性土地丈量和土地分配。公元前 300 年，古埃及就已经开始进行地籍测量。1533 年俄国耗时 10 年完成全俄版图的测量定界工作，并于 1779 年成立了专门的土地丈量学校，1917 年改称莫斯科地籍学院。20 世纪 30 年代是苏联土地类型学或景观学思想形成和发展的重要时期，涌现了一些重要的理论人才。在景观思想的指导下，苏联开展了一系列有关土地问题的理论研究和实践活动，提出了一系列土地分类、分级、利用等方面的理论和实践成果。

早在 1535 年，英国就进行了土地丈量。英国的土地研究工作是从区域研究开始，其中米切尔编制的 10 级的土地、土壤和生态单位的分类等级系统表，是关于土地分类最详细的等级系统表。除了进行本国土地研究外，英国还成立国外发展部土地资源部门，专门负责研究发展中国家的土地资源。

在北美，1785 年美国颁布土地法令，规定土地测量和土地分配的方法和组织。1812 年成立土地总局，主要进行土地测量和土地利用的调查。另外加拿大和澳大利亚在土地科学方面也有很大影响力的思想和实践，为土地科学的发展做出了重要贡献。

发展至今，土地资源管理学在国际上已经成为一门非常重要的学科。特别是在全球环境问题日益严重的背景下，可持续发展以及相关学科成为热门学科。作为一门理解环境系统与社会经济系统交叉点的土地科学已成为理解和解决全球环境生态问题的核心学科之一。

5.2.2　土地资源管理学在我国的历史发展

我国对土地划分的思想可以追溯到 2500 年前的《周礼》，该著作把全国土地划分为山林、川泽、丘陵、坟衍、原隰。战国时期成书的《管子·地员》篇对全国土地做了系统地分类，分为 5 大类和 25 个低级类型，这可能是全世界最早的土地类型划分。总体来讲，古代中国是以一家一户的小农经济为主的社会，对土地规划的需求并不明显。当然，土地制度是贯穿整个中国古代的最重要的制度之一，影响了中国古代文明的兴衰。

民国时期，孙中山聘请德国的单维康博士作为他的土地政策顾问，帮助其推行土地政策。除此之外，孙中山还向德国派出留学生，专门学习土地整理学，这批人才归国后成为当时土地整理、土地政策等领域的专门人才，并培养了大量土地科学人才。新中国成立后，土地科学逐渐成为一门重要的理论与实践学科，开始从工程学类中的土地规划学逐渐发展，与土地管理学融合，最终成为一门综合性的管理学科。我国土地资源管理学科发展至今可大致分为三个阶段。

1. 第一阶段：20 世纪 50 年代中期至 70 年代中期

该时期是苏联模式阶段，特点是照搬苏联的土地管理思想和学科模式。该模式主要强调土地规划的教育和研究。新中国成立初期，国家建设需要大批粮食的供应，土地的有效利用和提高农业生产力成为重要的工作。这个阶段我国主要是向苏联学习进行农场的土地规划，以土地开垦为目的进行大规模土地资源调查。此阶段的土地工作大大增加了荒地的开发，增加了农产品的供应。我国著名的北方粮仓——北大荒就是在这段时期开垦的。从 1947 年起至 70 年代中期，中国人民在渺无人烟的北部荒野上进行了艰苦卓绝、波澜壮阔的开垦运动。最终绵延几千里、沉寂数万年的“北大荒”成为今日的“北大仓”，夯实了国家的粮食储备，奠定了日后国民经济的长足发展。

后来随着农业合作化运动的开展，家家户户的分散土地被整合成统一耕种的集体农场，规模从几亩到几千亩不等，一个必须进行的工作就是土地利用的规划。这个时期对土地规划人才有特别的需求。国家通过各种方式培养了一批精干的土地规划队伍，例如苏联专家在中国办班培训、东北农学院培养人才以向苏联派遣留学生等。这批留学生学成归国后为我国培养了大量土地整理高级专门人才，成为土地科学学科建设和推动的中坚力量。

这一时期，我国科研工作者在苏联研究成果的基础上发展了土地类型学，从土地类型的角度对我国各自然分区的内部特征进行剖析，并在1959年完成了全国自然区划分。随着土地规划工作的开展，土地科学相关专业开始在中国高校出现。20世纪50年代东北农学院设置土地规划系，60年代初华中农学院、南京农学院和河北农业大学三所大学开始土地规划和土地管理相关专业。不过，在随后的"文化大革命"时期，土地规划专业和土地研究受到了巨大冲击。

2. 第二阶段：20世纪70年代后期到80年代中期

这个阶段是我国土地资源相关学科的缓慢发展期。"文化大革命"期间，土地资源相关专业被撤销，相关人才被迫解散，对该学科是沉重的打击。改革开放后，国家在农村推行土地联产承包责任制，农民在土地上生产的产品大部分都成为农民自己的财产，土地的规划和利用成为关系到亿万农民幸福生活以及农村发展的重要问题。土地资源相关专业正面临发展的机遇。在这段时期土地科学研究者主要吸收了欧美澳等国的土地思想，完成中国1∶100万土地资源图和1∶100万土地类型图等的编制工作，进行了城市土地、林地、天然草地等的评价分析，土地综合研究的理论和方法体系逐步形成。在这段时期，土地科学专业发展缓慢，土地资源高等教育几乎停滞。值得一提的是1980年全国土地学会在北京成立了。土地学会聚集了一批土地科学的研究者，频繁开展学术活动，积极呼吁构建中国土地科学体系，为中国土地科学的发展做出了重要贡献。

3. 第三阶段：20世纪80年代中期以后

20世纪80年代中期以后，随着我国社会经济的迅速发展，我国土地利用面临新的问题，国家开始在制度层面构建土地管理框架，土地科学也借此获得了全方位的发展。1986年是我国土地管理事业发展中重要的一年。《中华人民共和国土地管理法》于1986年通过，1987年开始实施；1986年国家正式设立土地管理局。另外，20世纪80年代中后期开始，土地研究逐渐融入各项相关国土规划与管理工作，例如国土整治与规划、区域规划、土地利用现状调查与土地利用规划、开发区建设、土地使用制度研究、城市规划等。土地科学的研究领域也大大扩展，在土地评价、土地资源调查、土地资源的可持续利用、土地资产评估、新技术新方法的应用以及土地产权制度等方面都取得了重要的突破。各个高校顺应社会经济的发展要求，纷纷开设土地管理相关专业。在这个时期，中国人民大学、华中农业大学、东北农业大学、山东农业大学相继恢复或重新设置土地规划与利用、土地管理、土地资源等相关专业。1987年，华中农业大学和东北农业大学开设了"农业资源经济与土地利用管理"硕士点。1987年，经国家科协批准，中国土地学会升为国家一级学会，并正式创办了《中国土地科学》学术性刊物，该刊物成为中国土地研究领域的旗舰性刊物，对土地规划和管理的学科建设和科研沟通起了重要推动作用。1992年南京农业大学土地管理学院成立，紧接着1993年，南京农业大学开设全国第一个"农业资源经济与土地利用管理”博士点。1997 年国家教育专业目录将原属于工学门类的土地利用与规划专业和属于经济学门类的土地管理专业合并调整为土地资源管理，土地资源管理学正式成为一个学科专业。1999 年，南京农业大学获准设立全国第一个公共管理博士后流动站。至此，我国形成了全面完整的土地资源管理的高等教育体系。至今，全国 120 多所大学都已设置土地资源管理专业，数十所高等院校设置了土地资源管理专业博士、硕士学科点。土地资源管理专业已经成为我国公共管理大类下的重要专业方向，每年培养大量高素质人才，活跃在土地调查、土地规划、土地整治和房地产开发与管理等领域的第一线，为理解和解决我国的土地问题做出了重要贡献。

5.3　土地资源管理学的研究内容

土地资源管理学的研究内容丰富多样，能够为广大学子提供足够多的研究兴趣点。作为一门专业的土地资源管理学，它涵盖来自不同领域的具体课程。其中聚焦于该专业最核心的课程是土地资源管理学。土地资源管理学的研究对象是作为自然经济综合体的土地利用和土地关系的管理，这一完整的、综合的、具体的社会现象的规律。

1. 主要研究内容

从管理系统的角度看，土地资源管理的主体是国家，客体是土地以及附着在土地上的各种社会关系，管理内容由地籍管理、土地权属管理、土地利用管理和土地市场管理四个部分组成，最终实现土地利用的生态效益、经济效益和社会效益的管理目标。

值得一提的是，以上四部分内容并不是互相独立的，而是有机联系的。总体而言，地籍管理是基础，土地权属管理和土地市场管理是手段，土地利用管理是核心。土地管理的最终目标是尽可能地实现最大化的生态效益、经济效益和社会效益，实现土地资源的持续利用，这一目标主要是通过合理利用土地来实现，而土地权属管理、土地市场管理的任务在于调整土地关系，调动土地权属单位合理用地的积极性，并通过市场机制合理配置土地资源，为实现土地管理的总目标服务。

（1）地籍管理。地籍，可以说是土地的户口簿，它是记载土地及地上附着物的权属、位置、质量、数量和利用现状等有关土地的自然、社会、经济和法律等基本状况的图簿册。精确掌握地籍信息有多重功能，可以为土地管理者制定政策，为维护土地产权权益、为改革与完善土地使用制度以及为国家编制国民经济规划等提供基础资料。国家为获得地籍信息，科学管理土地而采取以土地调查和测量、土地分等定级估价、土地登记、土地统计、地基档案为主要内容的综合措施。地基管理是确认土地产权的关键，同时也是落实保护耕地基本国策、实现耕地占补平衡的基础和保障。

（2）土地权属管理。土地权属是指土地的所有权及派生出的其他权利的统称。土地权属制度，包括土地的所有权制度和土地的使用权制度。例如我国全部土地实行社会主义公有制，包括全民所有制和劳动群众集体所有制，不同类型的所有制具有不同的使用权制度。土地权属管理包括土地所有权、使用权等的行程与确认，土地权属变更管理，土地权属纠纷的调解，依法查处有关侵犯土地所有权、使用权等方面的违法案件等。

（3）土地利用管理。土地利用是人类通过一定的行为以土地为劳动对象或手段，利用土地的特性和功能来满足自身需要的过程。土地利用的类型多种多样，包括如林地、草地、水域、居民点及工矿用地等。土地的合理利用是整个土地资源管理学的目标。土地利用管理是国家根据土地的基本国情和社会经济发展需要，采取宏观调控和微观管理等多种措施，通过编制和实施各级土地利用总体规划和专项规划、土地用途管制，采取地租、价格、税收等经济杠杆对农用地，特别是耕地、建设用地、未利用地的开发、利用、保护进行组织、监督和调控，为人们生活和经济建设提供良好的土地条件。土地利用管理的主要内容包括：土地评价和规划、土地用途管制、建设用地管理、农田保护管理、土地开放保护管理和土地利用监测管理等。

（4）土地市场管理。土地市场是指土地作为商品在流通过程中的经济关系总称，它包括土地交易的具体场所，也包括相关的制度规范。土地市场分为城市土地市场和农村土地市场。当前我国农村土地市场还处在初级发展阶段，城市土地市场相对成熟。城市土地市场管理的内容包括宏观管理和微观管理两个层面。城市土地市场宏观管理指的是国家通过经济手段和行政手段对城市土地市场进行干预以抑制土地投机，维护土地市场稳定，优化土地资源配置，主要包括城市土地市场供需管理和城市土地市场价格管理两个方面。城市土地市场微观管理指的是国家通过法律手段和行政手段对城市市场具体的市场主体、市场客体和市场交易程序进行管理，保障土地市场的公平交易，以发挥土地市场机制的正常调节功能。其主要包括市场客体管理、市场主体的资质审查、市场交易程序的规范以及土地市场中介管理等内容。

2. 主要研究方向

除了以上四个主要研究内容外，当今我国土地资源管理学还包含多个研究方向，现简述其中三个重要的研究方向。

（1）国土资源可持续利用与管理。土地资源利用面临严重问题，生态环境不断恶化，土地质量下降，土地生产力降低；耕地数量急剧减少，土地资源浪费严重；人均土地资源数量少，后备资源不足。另外，土地资源利用面临重大挑战，例如建设用地供需矛盾突出，土地资源利用仍然处于粗放、低效状态，例如农村大量的空心村。因此研究如何在现有资源约束下实现国土资源的可持续利用，成为一项重要的时代课题。

（2）土地信息系统与工程。土地信息系统是以计算机为核心，以土地资源详查、土壤普查、规划、计划、各种遥感图像、地形图、控制网点等为信息源，对土地信息采集、整理、存贮、处理、管理、维护、转换、传输和应用的大型信息系统。土地信息系统能系统地获取一个区域内所有与土地有关的重要特征数据，并作为法律、管理和经济的基础。土地信息系统在我国已经有近 30 年的发展历史，随着科技水平的提高，我国土地信息系统的建设也越来越完善，其已成为国土资源管理的重要辅助工具。20 世纪 90 年代以来，我国土地信息系统发展较快，许多行政管理机构和科研院所都在土地信息系统方面做了大量的研究和开发工作。随着遥感技术和智能化技术的提高，土地信息系统迎来了新的发展机遇，未来趋势在于如何与其他技术进行紧密结合和数据共享，进一步完善土地资源管理的现代化，完成和完善土地信息数据标准化的建设，提高土地信息的共享度。

（3）现代地籍技术与方法。随着社会经济的快速发展变迁，现代土地管理对地籍管理技术提出了更高的要求。随着地方经济实力的增强、技术工具的进步、管理水平的提高、观念的改变，地籍技术发展也迎来了绝佳的时机。测绘技术和土地评价技术是地籍领域的关键技术，未来将 GPS（定位系统）、GIS（地理信息系统）和 RS（遥感系统）技术与测绘和评价技术紧密结合成为现代地籍技术的发展趋势，也是土地资源管理重要的研究方向。

3. 前沿课题

土地研究领域的著名学者刘彦随在 2013 年的一篇论文[1]中结合国家发展战略提出了土地科学研究的六个前沿课题。

（1）深化国家发展战略导向的土地资源综合研究。新时代土地资源研究将服务多个国家重大战略，例如生态文明建设，“新型城镇化”战略，着力促进“城乡发展一体化”，乡村振兴战略等。特别是长期以来我国土地资源重开发、轻保护，造成土地严重退化、耕地大量流失、生态环境恶化等问题，迫切需要加强土地资源综合研究，注重资源工程、理论体系、学科体系、战略体系建设，稳步推进土地科技创新与转化应用。

（2）细化土地资源安全与生态文明建设长远战略研究。结合全球土地科学计划，系统研究多要素综合作用下不同典型类型区的土地系统动态、动力机制、情景格局及其可持续性战略路径，深入探究土地生态与土地民生的原理、伦理及其法理基础，适时将区域土地资源配置、利用及其价值化融入人口—土地—产业耦合发展系统。以土地资源安全与可持续土地利用为战略基点，探索土地资源物态、业态、生态融合机理，尤其在生态脆弱区、贫困地区应凸显生态保护功能与价值，注重扶贫开发、生态建设与农民增收紧密结合，践行“生态民生”，为实施区域性土地资源的精细化管理、人本化管控、生态化管护提供理论依据和战略指引。

（3）着眼突破“双保”难题的土地整治工程模式研究。随着保护资源与保障发展、土地供给与需求压力的日益增大以及全球变化和人类活动综合影响下土地沙漠化、石漠化、盐碱化与污损化等问题的加剧发展，土地资源研究亟须创新思路、开阔视野，利用资源工程原理与工程技术手段破解我国当今退化土地难利用、后备资源利用难的现实困境。应将土地资源调查、评价、规划、战略等常规性研究，与土地整治工程设计、建设、评估、管护等工程性环节有机结合，加快变革土地资源研究服务和支撑经济社会发展的方式，创新土地资源领域“理、工、管”交叉集成的多学科、多目标体系探索发展土地资源工程与技术科学。

（4）面向决策实践的土地资源管理策略与机制研究。当前中国土地资源管理的前瞻性研究应突出“五化”，即土地资源生态化、土地整治工程化、土地价值资产化、土地管理信息化、土地政策民生化。在研究解决特定区域土地资源与土地整治问题时，只有将土地利用与工程技术相结合，才能实现生产力发展。围绕中国耕地保护红线战略，综合考量耕地保护的数量、质量、生态、空间、时间“五大要素”，探究中国全要素耕地保护体系，把耕地数量管理、质量管控、生态管护、空间管制密切结合，并控制耕地保有量时间。进一步着眼于区域公平、效率优先、统筹协调视角，开展耕地保护价

[1] 刘彦随. 中国土地资源研究与学术交流新进展［J］. 自然资源报，2013，28（9）：1479－1487.

值化综合评估及其多功能性研究，构筑中国耕地保护、经济补偿、优化利用与民生保障的策略与长效机制。

(5) 适应城乡发展转型的城乡土地利用配置研究。当前中国城镇化率超过50%，第一产业产值比重小于10%，就业人口比重小于40%，总体上已进入城乡发展转型新阶段。城乡土地配置要适应转型阶段城乡关系变动、生产要素流动的新趋势、新特点。随着农村人口持续转移进城，亟须探索利用城乡建设用地增减挂钩政策，协同推进空心村综合整治、宅基地退出机制、统筹城乡土地配置的地域模式，以及促进城乡同地同价同益制度设计与机制创新的科学途径。

(6) 探索开展土地资源地域结构与空间形态研究。针对土地资源供需矛盾凸显、城乡土地低效闲置问题突出、土地盘活配置难度增大等现实难题，土地资源学科发展与学术研究，既要站高望远，又要脚踏实地，不断适应新形势、拓展新思维、破解新问题。着眼资源节约、城乡统筹、国土空间优化国家战略，重点关注城乡转型、土地整治、制度创新等前沿领域，围绕城市转型再造、乡村空间重构、城乡发展一体化，在理论上深入开展城乡土地资源配置过程、地域结构、空间形态综合研究，在实践方面推进高速城镇化进程中大城市“三旧”改造、空心村土地综合整治、城乡建设用地增减挂钩模式与政策探索，扎实推进典型区案例研究及示范。

5.4　本章小结与典型案例分析

5.4.1　本章小结

土地资源管理学是一门兼具理论性和实用性的交叉学科，在其中，我们既可以探寻理论的深奥玄妙，又可以应用最新技术来解决现实问题，经世致用。土地资源管理学，不仅包括自然科学中的地理学、地质学、生态学，工程学中的规划学和信息工程学，也包括社会科学中的行政管理、经济学、管理学、社会学等。学习土地资源管理，可以成为一个知识面广、实践能力强的复合型人才，可以胜任多种工作岗位，具有广阔的发展前景。尽管土地资源管理专业在我国设置时间不长，但在近二三十年获得了快速的发展，完整成熟的高等教育体系已经建立。随着我国社会经济发展中土地问题的越发重要和愈发复杂，土地资源管理学作为一门重要的社会科学，将会愈加重要，也将会越来越受欢迎。

土地不仅仅是冷冰冰的自然元素的组合，它更承载了我们对祖国的热爱，对故土的依恋，对幸福生活的追求。当代作家端木蕻良在他那篇著名散文《土地的誓言》中深情表达了他对土地的依恋：土地是我的母亲，我的每一寸皮肤，都有着土粒；我是土地的族系，我不能离开她。中国作为一个历史悠久历经沧桑的伟大国度，正处于社会主义新时代，处于从快速经济发展向更加和谐可持续的生态文明的伟大转型进程中，土地相关问题在其中扮演着极为重要的角色。理解土地问题，解决土地问题，实现土地的合理、可持续地利用，实现其经济效益、社会效益和生态效益的最大化，是实现中华民族伟大复兴的关键一环，也是新一代青年不可推卸的历史责任。

5.4.2　典型案例分析

案例一

北大荒，北大荒！

北大荒是一个地域的名字，也是让亿万中国人激情澎湃的精神图腾，它代表了一种艰苦奋斗，勇于开拓，顾全大局，无私奉献的精神境界。从地域来讲，广义上的“北大荒”是指原黑龙江省的广大尚未开垦的荒芜地域；狭义的“北大荒”则指开发较晚的三江平原地区，西起小兴安岭，东达乌苏里江，北迄黑龙江，南抵兴凯湖，总面积5.76 万 km^2。北大荒属于温带季风气候，夏季温暖，冬季寒冷而漫长，处于中温带，降水多集中于夏秋季。因地处高寒地区，自古以来荆莽丛生，沼泽遍布，风雪肆虐，野兽成群，人烟罕至，北大荒因“荒芜”得其名。新中国成立前后，在中国共产党的领导下，对北大荒进行了有组织的开发。1947 年，为响应毛泽东同志“建立巩固的东北根据地”的号召，伴随着解放战争的硝烟，一批军人来到这里，在荒原上点燃了“第一把火”，拉动了“第一把犁”，唤醒了沉睡的荒原。从 1947—1949 年，这三年间，一批以延安和其他老革命根据地来到东北的干部，带领许多拓荒者，在渺无人烟的北大荒上，利用日寇遗留的一座碉堡废墟挂起了通北农场的第一块牌子。1954—1956 年，经中央军委同意，铁道兵司令员王震将军命令铁道兵二、三、四、五、六、九、十一师的复转官兵，近两万人马，来北大荒安营扎寨，开荒造田。来自铁道兵的“移民”们在短短三年内，在八五 0 农场周围，出现了一批“八十字头农场；八五二、八五三、八五四、八五八、八五九……农场。从 1958 年起，北大荒进入了大规模开发阶段。1958 年 3 月，党中央在祖国西南边城召开了成都会议。毛泽东主席在会上提出了一条完整的建设社会主义的总路线，这就是：鼓足干劲，力争上游，多快好省地建设社会主义。会议上，全体中央委员庄严地通过了一份历史性决议：《关于各种军垦农场的意见》。同一年，王震将军亲率 10 万名复转官兵挺进北大荒，由此开始规模化的开发建设。荒原第一犁如图 5.1 所示。王震将军点燃荒火如图 5.2 所示。

图 5.1　荒原第一犁

图 5.2　王震将军点燃荒火

1968—1976年，共有54万名城市知识青年来到黑龙江生产建设兵团，为垦区注入了新鲜血液，成为一支举足轻重的力量。他们和转复官兵一样，为开发建设北大荒贡献了自己的青春，正因为在那里，艰苦卓绝的垦荒生活，铸造了他们刚毅顽强、百折不挠的北大荒人性格。“早起三点半，归来星满天，啃着冰冻馍，雪花汤就饭。”这首当年流行的歌谣，是北大荒人在此生活的真实写照。

北大荒的开发者们征服了艰苦的自然环境，在千里沃野上建起了一个个机械化的国营农场，把北大荒变成了美丽富饶的北大仓。这是改造自然的奇迹，是艰苦创业的壮丽诗篇。半个多世纪以来，黑龙江垦区广大人民群众在特定历史条件和极其艰苦的环境下，培育和锤炼出“艰苦奋斗、勇于开拓、顾全大局、无私奉献”的北大荒精神。垦荒大军前赴后继，用青春、热血、生命诠释了这一精神。北大荒博物馆内有一面长达25米的铜墙，上面镌刻着长眠于北大荒土地上的12342名拓荒者的名字。

如今北大荒在几代人的共同努力下，已拥有113个大型农牧场，2000多个企业，3560万亩耕地，177.8万人，分布在黑龙江省嫩江流域，三江平原，黑龙江谷地，牡丹江流域12个市74个县总面积5.76万km^2的土地上。北大荒一年生产粮食400多亿斤，累计为国家提供商品粮超过6000多亿斤，成为我国重要商品粮基地、粮食战略后备基地和国家级现代化大农业示范区，为保障国家粮食安全、支援国家建设、维护边疆稳定作出了重大贡献。如今的北大荒，成了黑龙江垦区的代名词。

新时代赋予了北大荒精神新的意义。如今，面对新时代中国特色社会主义的新要求，北大荒人深化国有农垦体制改革，以垦区集团化、农场企业化为主线，推动资源资产整合、产业优化升级，建设现代农业大基地、大企业、大产业，努力形成农业领域的航母。2018年，习近平总书记在视察黑龙江垦区，并参观七星农场时强调，北大荒建设到这一步不容易。当年这里是“棒打狍子瓢舀鱼，野鸡飞到饭锅里”。共和国把这里作为战略基地、把农业作为战略产业发展起来。半个多世纪过去了，发生了沧桑巨变，机械化、信息化、智能化的发展很了不起，令人感慨。北大荒为中国人真正解决温饱问题发挥了大作用。“今天来到这里，很鼓舞信心，鼓舞斗志。”谈到北大荒的未来发展，习近平表示，人无远虑必有近忧，北大荒的土质要不断优化，不能退化；绿色发展要有可持续性，农业生产不能竭泽而渔(资料来源：http：//cpc.people.com.cn/n1/2018/0926/c64094－30313443.html)。

几十年的开发历程中，北大荒的土地利用也发生了巨大转变。这片面积约600万hm^2的黑土，和乌克兰大平原、美国的密西西比河流域并称为世界三大黑土区，占全球黑土总面积的1/5，也占我国黑土总量的80%。这片神奇的黑土地，具有超高的肥力，最适宜农业耕种。其有机质含量约为2.5%～7.5%，是普通土地的10倍。即便不施肥，这片黑土也能取得远高于其他土地的农作物丰收。这片土地林丰草肥、水旺景美，是各种动植物聚集栖息、欢快生长的天堂。人们用“棒打狍子瓢舀鱼，野鸡飞到饭锅里”来形容它的富饶，用“抓一把直流油，插根筷子都发芽”来显示它的肥沃。经过数十年的不懈努力，北大荒在一批批勤劳的拓荒者手中，创造出用全国1/10耕地，生产出全国1/4粮食，养活了全国1/6人口的奇迹。但是由于对北大荒的过度开垦，漠视了自然规律，忽视湿地和生存其上的动植物对于维护生态平衡的作用，北大荒的生态问题逐渐严重。首先，土壤退化和水土流失现象严重。在北大荒的开垦过程中累计开垦出约4000万亩的耕地，修建农场100多个。大规模地种植了水稻、玉米、高粱等农作物，这些耕地都极大地压缩了原有的森林、草甸、湿地等面积，让原本平整的黑土地，变得千沟万壑。由于农民们滥伐森林，修筑排水设施、堤坝和沟渠，432万 hm^2 的天然沼泽和湿草甸被破坏，“北大荒”湿地面积缩小了一半，土地沙化、流失严重，旱涝灾害频繁。1998年发洪水时，由于“北大荒”地表植被破坏严重，造成大片耕地被冲刷得千沟万壑，加剧了水土的流失。据有关部门统计，这里黑土地的地表层，每年都以近1cm的速度流失。原本近1m的黑土层，现在已不足40cm。部分土层甚至已显现出黄土特征，少数地方出现了沙化现象，个别村庄已淹没在风沙之中。照这样的速度计算，再过几十年，我们将失去整个肥沃的黑土层。水土流失直接导致的后果，就是粮食急剧减产，在20世纪末，整个北大荒和当初相比，粮食减产已近一半。其次，生态脆弱，生物多样性削弱严重。在北大荒的开发过程中，近一半的森林和湿地消失，大量的野生动物或失去栖息的家园，或被肆意的捕杀，导致一些珍稀动物如梅花鹿、东北虎等几近灭绝。著名的东北野参，也难觅踪影，一些珍贵的野生药材也被采摘干净。由于北大荒湿地面积骤减，生物多样性日趋减少，导致生态涵养和调节功能也严重退化。这片曾经气候宜人、林木参天的东北黑土区，正在变成一个生态脆弱区。恶劣气候和极端天气越来越频繁，自然灾害如干旱和洪涝，也对当地经济造成巨大损失。

从20世纪90年代以来，北大荒就已发生了数次旱涝灾害。1994年的洪灾，就曾导致黑龙江5300多 hm^2 耕地被淹没，数十个村庄被冲毁。在1998年的大洪水中，北大荒大面积遭灾，至今仍让人心有余悸。2002年，北大荒又被肆虐的旱灾席卷，导致整个松嫩平原几乎无法播种。由于水土流失严重，大量的泥沙淤积在北大荒大大小小的支流里，致使数十座水利工程失去了作用。

正是由于上述原因，从1999年开始，国家决定把广袤的北大荒退耕还“荒”，全面停止对现有湿地的开发，同时对不宜耕种的，或者产量低下的200万 hm^2 耕地，全部退耕还林、还草、恢复湿地。大力实施天然林保护工程，为北大荒构筑一个持久的生态屏障。经过近20年的努力，北大荒已实现了数十万公顷土地的退耕还“荒”，建立起了约占整个农垦区面积20%的保护区，完成了人工造林数十万公顷。北大荒从开荒到还荒，真正诠释了“绿水青山就是金山银山”的道理，实现了人与自然和谐发展的目标（资料来源：https：//xw. qq. com/cmsid/20191220A05T6E00）。

思考题：从北大荒的开发与保护的历程中有何启发？

案例分析

北大荒从开垦到保护的动态历程，嵌入在中国社会经济的历史变迁中，是中国几十年波澜壮阔发展历程的一个缩影。在新中国的初始阶段，我们面临着粮食短缺的问题，当时最主要的矛盾是土地资源难以满足人民温饱需求的问题，加之北大荒具有的丰富的自然资源，向自然要粮食成为主要的战略。在战略推进过程中，人的主观能动性发挥了决定性作用。随着对自然改造的大规模开展，土地以及生态形态被改变，在满足社会经济需求的同时，也面临土地本身的自然变化，出现土壤退化以及生态破坏等问题，并反过来影响土地的生产力以及地域人群的生活需求，因此土地保护成为了主要矛盾。随着环境保护的推进，尤其是近些年生态文明思想的提出，保护三江平原地区的土地和生态环境成为主要政策方向。生态环境的改善不但增强了生态多样性，提高了土壤肥力，也吸引了众多的游客，实现了“绿水青山”与“金山银山”的辩证统一。

案例二

改革开放后中国土地利用及土地利用政策的变迁

土地是一个国家的发展之本。总体来说，我国的土地资源最大特点是总量大，人均少。我国陆地面积960万平方公里，位居世界第三，可利用土地资源仅占60%左右，人均占有量少，低于世界和亚洲平均水平。农业用地是我国的主要用地方式，占比约70%，但耕地面积占比小，约五分之一，人均耕地面积不到1.5亩，不足世界人均耕地的1/2，不到美国的1/7，低于印度；草地面积较大但总体品质较低，天然草地面积逐渐减少；森林总量世界第五，人工林比例增加；建设用地比例在4%左右，其余为未利用荒地约占26%。改革开放以来，从土地利用变化来看，我国土地利用整体水平提高较慢，未利用土地变化率较小。农用土地总体减少，耕地呈现减少趋势，林地增加最多，园地变化幅度最大。建设用地快速全面扩张，交通基础设施等占地增长迅速。随着近些年耕地保护政策的严格执行，耕地面积基本趋于平衡。根据学者研究，2010—2015年中国耕地的变化总体特征表现为：南减北增，总量基本持衡，新增耕地的重心逐步由东北向西北移动；东部和中部地区耕地持续减少，东北和西部耕地持续增加；东部耕地减少放缓，中部耕地减少加速，东北和西部耕地增加速度加快。[1]

土地管理政策方面，改革开放后国家把保护耕地和节约集约用地作为土地政策的基本方针。一方面，家庭联产承包责任制调动了农民的生产积极性，增加了农业产量，为我国工业化和城市化的发展提供了重要的物质基础。另一方面，家庭联产承包责任制也为土地利用带来了新的冲击。工业化和城市化的发展带动了大量的农村外出务工潮，务农人口和务农积极性都在普遍降低，土地粗放经营成为一个严重问题。另外，快速的工业化、城市化进程使得农村耕地频频失守，大量良田被占用，利用方式粗放浪费。20世纪80—90年代，是我国耕地减少最明显的一段时期。1986年《土地管理法》颁布，其中规定各级人民政府必须贯彻执行十分珍惜和合理利用土地的方针。《土地管理法》明确提出了耕地保护的目标，即实现耕地的总量动态平衡。所谓耕地总量动态平衡，是指在满足人口及国民经济发展对耕地产品数量和质量不断增长的条件下，耕地数量和质量供给与需求的动态平衡。实现这一目标必须加强耕地的数量、质量保护并注重耕地环境质量的提高。1998年修订的《土地管理法》提出，十分珍惜、合理利用土地和切实保护耕地是我国的基本国策。党的十七大后，对节约集约用地提出新要求。新时期，随着建设供需矛盾日益凸显以及转变经济发展方式的需求，国家充分认识到节约集约用地的战略意义。《中共中央关于推进农村改革发展若干重大问题的决定》提出，坚持最严格的耕地保护制度，层层落实责任，坚决守住十八亿亩耕地红线。2008年1月，国务院颁布《关于促进节约集约用地的通知》（国发〔2008〕3号），提出切实

---

[1] 刘纪远，宁佳，匡文慧，等. 2010—2015年中国土地利用变化的时空格局与新特征［J］. 地理学报，2018，73（5）：789-802.

保护耕地，大力促进节约集约用地，走出一条建设占地少、利用效率高的符合我国国情的土地利用新路子，是我国必须长期坚持的一条根本方针。

党的十八大之后，节约集约用地进一步受到国家重视。2013 年，习近平总书记在中央农村工作会议上表示，“十八亿亩耕地红线仍然必须坚守，同时还要提出现有耕地面积必须保持基本稳定。极而言之，保护耕地要像保护文物那样来做，甚至要像保护大熊猫那样来做。坚守十八亿亩耕地红线，大家立了军令状，必须做到，没有一点点讨价还价的余地!”2014 年，国土资源部发布《关于推进土地节约集约利用的指导意见》（国土资发〔2014〕119 号），提出土地节约集约利用是生态文明建设的根本之策，是新型城镇化的战略选择，最严格的节约用地制度框架基本确立。土地保护和集约利用的整体机制逐渐完善。可喜的是，经过近些年的努力，我国的耕地面积正在提高，2015 年末，耕地面积已经达到 20 亿亩。

思考题：为何保护耕地对我国如此重要?

案例分析

首先，我国人多地少的基本国情决定了我们必须十分重视耕地，保障粮食安全。我国作为一个超过 14 亿人口的大国，粮食安全的特殊战略地位任何时候都不能动摇，习近平总书记在考察海南时指出，十几亿人口要吃饭，这是我国最大的国情，并且在考察黑龙江时又强调，中国人的饭碗任何时候都要牢牢端在自己的手上。对保障粮食安全来说，耕地是国家粮食安全的根本保障，是农业发展和农业现代化的根基和命脉，人多地少的基本国情，决定了我国耕地资源的特殊重要性和战略性。其次，耕地是农村改革发展稳定的基石，是重要的生产、生活、生态空间，耕地保护直接关系到广大农民的切身利益，关系到生态文明的建设，关系到经济社会持续健康发展，也关系到国家的长治久安。最后，我国的耕地质量总体不高，局部在退化，不能够满足粮食和农副产品的生产需求，耕地保护面临着数量、质量和生态等方面的多重压力。因此耕地保护对我国的社会经济极为重要，必须长期坚定地坚持下去。

案例三

农村土地确权

为更好地进行农村土地资源的管理工作，近些年我国积极推进农村土地确权工作。2013 年中央一号文件，《中共中央　国务院关于加快发展现代农业进一步增强农村发展活力的若干意见》提出，全面开展农村土地确权登记颁证工作。所谓农村土地确权，就是农村土地所有权、土地使用权和其他权利的确认、确定。每宗土地的土地权属要经过土地登记申请、地籍调查、核属审核、登记注册、颁发土地证书等土地登记程序，才能得到最后的确认。因此土地确权工作是地籍管理的一部分，同时也涉及土地权属和土地市场的管理。

土地确权是我国农村土地制度适应时代发展的体现。家庭联产承包责任制改革一方面大大提高了农业生产力，提升了农民生活水平；另一方面，也导致土地分散，农户经营规模小，经济效率低下，近些年出现了土地粗放经营，甚至抛荒的现象。长久以来，我国农村土地的空间信息管理相对滞后，相关法律缺失，农村土地产权关系没有得到根本明确，农村承包地地籍管理混乱，农村在进行土地流转、征地占用等市场行为时经常遇到制度和法律方面的困难，地方政府也很难进行有效管理，严重阻碍了农村土地资源市场的发展。因此，通过土地确权过程，理顺农村土地的产权关系，能够有效盘活农村生产要素，解放农村生产力，是农村产权制度改革的首要任务。确权之后，农民的土地承包权得到法律保障。农民如果进城打工，经营不了土地，可以流转、出租或者把土地和别人进行合作利用，可以有效推动现代农业。同时有了官方土地证书，土地纠纷也将大大减少。

农村土地确权从2014年以前开始试点，2014年开始全面推开，2018年底基本完成，2019年清尾。截止到2019年底，通过确权登记，向农民颁发土地证书比例达到94%，全国累计精准测量11亿个地块，确认15亿亩的农村承包地，涉及两亿多农户。通过这次确权登记摸清了家底，解决了长期以来农村土地四至不清、面积不准、权属不明等问题。土地确权还有效推动了农村土地市场的发育，到2018年底，全国有5.39亿亩耕地在不同主体间进行流转，超过耕地总面积的1/3，较1994年增长了近60倍。并且，土地权属的确定给种地农民吃了定心丸，他们在使用土地过程中将更加注重土地的养护，保护土地。最后，土地确权还推动了农业人口城镇化进程。为促进有条件的农业人口进城落户，中央近年来多次发文明确不能以退出土地承包权作为进城落户的前提条件，这次确权使得农民群众更加感受到自己的承包地权益有保障了，从客观上打消了他们进城落户的顾虑。总体来讲，土地确权工作意义重大，是一项重大的土地管理工作，促进了社会经济的健康发展(资源来源：资料整理自农业农村部相关网站)。

思考题：农村土地确权体现了土地管理的哪些方面？

案例分析

农村土地确权体现了土地管理的多个方面，具体如下：

首先，农村土地确权体现了地籍管理的内容。土地确权就是依照法律、政策的规定确定某一范围内的土地（或称一宗地）的所有权、使用权的隶属关系和他项权利的内容，工作涉及土地登记申请、地籍调查测量、核属审核、登记注册、颁发土地证书等土地登记程序，才能得到最后的确认和确定，这些内容基本上都属于地籍管理的内容。

其次，农村土地确权体现了土地权属管理。土地权属管理包括土地所有权、使用权等的行程与确认，土地权属变更管理，土地权属纠纷的调解，依法查处有关侵犯土地所有权、使用权等方面的违法案件等。可以说农村土地确权就是对农民土地权利的确认与管理。

最后，农村土地确权体现了国家对土地市场的管理。土地确权是通过对土地权利的确认推动土地市场的行程。当前我国的农村土地市场还不成熟，一个很重要的原因就是土地权利不清晰，农民、市场和政府之间难以形成成熟的市场管理机制。土地确权可以推动农村土地市场的形成，更好地优化土地资源配置。

进一步学习导引

1. 推荐阅读

(1)《土地资源学概论》(陈百明)。

(2)《土地整理理论与实践》(高向军)。

(3)《新时期中国土地管理研究》(黄小虎)。

(4)《中国土地立法研究》(江平，李显冬)。

(5)《中国土地资源》(李元)。

(6)《城市土地管理与经营》(卢新海)。

(7)《土地管理学总论》(陆红生)。

(8)《土地类型与土地评价概论（第2版）》(倪绍祥)。

(9)《土地利用规划学》(彭补拙)。

(10)《中国土地权利研究》(王卫国)。

(11)《中国土地利用》(吴传钧，郭焕成)。

(12)《城市地理学（第2版）》(许学强，周一星，宁越敏)。

(13)《中国农村的土地制度变迁》(张红宇)。

(14)《中国土地制度史》(赵冈)。

(15)《土地经济学原理》(周诚)。

2. 主要课程

土地资源管理学的专业目标是培养具有现代管理学、经济学及资源学基本理论，掌握土地管理方面的基础知识，接受土地调查与规划、土地政策分析、地籍管理、房地产估价等基本技能训练，具有“测、绘、规、估、表、籍”和计算机应用等实践能力，能适应新时期国土、城建、农业、房地产以及相关领域工作和研究需要的复合型人才。除了本科教育各个专业必修的通识课程外，土地资源管理专业已经形成了独具特色的专业基础课程和专业核心课程组合。在专业核心课程设置上，不同高校根据自身的专业优势会进行相应侧重，但总体来讲，土地资源管理学的基础课程和专业核心课程充分体现了文理兼修、多学科交叉的特点。主要课程包括：土地管理学、土地资源学、土地经济学、土地法学、土地规划学、地籍管理学、土地政策学、土地信息评价、房地产经营管理学、城市规划原理、公共政策、资源环境与可持续发展、空间数据库、管理学原理、土壤学、自然地理学、经济地理学、公共管理学、地图学、遥感技术与图像处理、宏观与微观经济学、环境管理学等。

3. 参考资源

(1) 自然资源部（http：//www. mnr. gov. cn/）

(2) 中国土地学会（http：//www. clss. org. cn/）

(3) 中国城市规划网（http：//www. planning. org. cn/）

(4) 中国土地网（http：//www. chinalands. com/）

(5) 国际测量师协会（FIG）（http：//www. fig. net/）

第 6 章

社会医学与卫生事业管理学

伴随人口老龄化进程加速与健康中国战略的实施，社会医学与卫生事业管理学日益成为一门重要的公共管理二级学科。本章将重点介绍社会医学与卫生事业管理学的学科定位、发展现状、发展历史及主要研究内容，尝试初步呈现社会医学与卫生事业管理学的主要发展概况。

6.1 社会医学与卫生事业管理学学科定位及发展现状

社会医学与卫生事业管理学是医学、社会科学和管理科学之间的一个交叉学科群，发展速度比较快，目前已经形成覆盖大专、本科、硕士、博士四个教育层次的完整体系。

6.1.1 学科定位

社会医学与卫生事业管理学位于公共管理一级学科目录之下，属于二级学科，部分院校可授予医学学位。它是医学和社会科学、管理科学之间的一个交叉学科群，包括社会医学、卫生事业管理学、卫生经济学、卫生法学、医疗保险学、公共卫生政策、医院管理、医学伦理学等主要学科及其分支学科。本学科具有交叉性、综合性、应用性，涉及的研究领域较为广泛，其从社会科学、医学与管理科学的角度出发，将医学、社会、社区及其卫生机构、卫生事业等领域作为主要研究对象，综合运用各相关学科的理论和方法，力图揭示社会、文化、经济等因素对群体健康的影响；采取社会措施来防治各类疾病；促进卫生事业的发展与改革，提高卫生事业的效益和效率；最终目的在于提高人民的健康水平和生活质量，促进社会经济的发展。

具体而言，社会医学与卫生事业管理学的任务和意义主要表现在以下方面：

（1）培养卫生事业管理专业人才。2009 年 3 月 17 日，发布的《中共中央国务院关于深化医药卫生体制改革的意见》（以下简称《意见》）中提出，“加强高层次科研、医疗、卫生管理等人才队伍建设”，“规范医院管理者的任职条件，逐步形成一支职业化、专业化的医疗机构管理队伍”。社会医学与卫生事业管理学致力于培养社会医学研究和卫生管理方面的高素质专业人才，即培养与社会主义市场经济和社会发展需要相适应，与我国卫生事业发展相适应的具有现代社会医学与卫生管理学的基本理论知识和技能，拥有一定独立工作能力的全方面发展的，重点面向基层的，为社会医学和卫生事业管理服务的应用型专门人才，与该《意见》的理念相契合。社会医学与卫生事业管理学因其具有的交叉性质，教学内容涉及医学、管理学、社会学、经济学、法学等多领域，使学生对医学领域及管理领域的专业知识、技能皆有所掌握，有利于提高学生的全科医学思维能力及人文素养，更好地适应医疗、卫生事业管理的需要，培育一批高素质、专业化、职业化的社会医学与卫生事业管理人才，为我国医药卫生体制改革、卫生事业发展提供人才支持。

（2）促进卫生事业发展。卫生事业承担着保障人民卫生安全、预防控制疾病、促进人民身体健康的责任与使命，是我国社会主义事业的重要组成部分。社会医学与卫生事业管理学专注于研究卫生事业的宏观调控和卫生机构的微观管理，可促进我国卫生事业体系的健全与完善，利用科学化、专业化、现代化的卫生事业管理理论与方法推动卫生事业科学、全面、健康发展。其一，社会医学与卫生事业管理学的理论与方法不断更新、丰富，有利于卫生事业体系保持先进性、科学性、进步性；其二，社会医学与卫生事业管理学帮助研究与制定与国情相适应的公共卫生政策，对卫生事业当前及未来发展进行规划，有利于提高卫生事业决策的科学化水平，增强卫生事业治理能力，保障卫生事业体系稳定持续发展；其三，社会医学与卫生事业管理学有助于提高医疗卫生服务水平与质量，营造良好的医疗卫生服务环境，保障民众权益，满足民众需要；其四，社会医学与卫生事业管理学可帮助计划、组织、协调各项卫生资源，使其得到合理、有效、有序的配置与利用，最大限度地发挥资源的效用。

（3）助推健康中国战略实施。2016 年 10 月，发布的《“健康中国 2030”规划纲要》中指出，“全民健康是建设健康中国的根本目的”。2017 年 10 月 18 日，党的十九大报告提出，“实施健康中国战略，要完善国民健康政策，为人民群众提供全方位全周期健康服务；深化医药卫生体制改革，全面建立中国特色基本医疗卫生制度、医疗保障制度和优质高效的医疗卫生服务体系，健全现代医院管理制度”。社会医学与卫生事业管理学的各项要求、理念、实践即与健康中国战略相契合，其在丰富卫生事业理论、培养卫生管理人才、完善医疗卫生制度、加快卫生政策转化等方面发挥的重要作用，可帮助推动健康中国战略高质量、高效率、有序实施，满足民众对于健康的需求，为民众提供更为完善健全的医药卫生服务体系，实现全民健康，提高民众的生活质量，增强民众的幸福感、满足感。

6.1.2　发展现状

近年来，我国各高校陆续开展了关于社会医学与卫生事业管理学各个层次的学历教育，目前已形成了覆盖大专、本科、硕士、博士四个教育层次的完整体系。根据我国研究生招生信息网的信息显示，在该网站上发布 2020 年硕士招生信息的高等院校共有 49 所，其中，一级学科为公共管理（1204）进行招生的高校有 32 所，一级学科为医学（1074）进行招生的高校有 20 所，以公共卫生与预防医学（1004）作为一级学科进行招生的高校有 1 所，两个一级学科代码同时能检索到的高校有 4 所。硕士招生高校一览表见表 6.1。

在国家与高校的共同努力下，社会医学和卫生事业管理学整体呈现良好的发展态势。其中：①人才方面，众高校为社会医学研究和卫生事业管理领域输送了诸多人才，不仅培养了大批医疗卫生事业的基层参与者和管理者，还培养了众多进行医疗卫生管理理论研究、参与医药卫生事业政策制定、指导卫生事业管理实践的高素质专业人才，一定程度上满足了我国卫生事业发展过程中对于卫生管理人才的需要；②科研方面，社会医学与卫生事业管理学获得多项科研项目支持，其中2018年获得国家自然科学基金资助的项目达近百项，大量的科研成果为我国卫生事业管理提供先进理论支持，并转化为诸多重大卫生政策，切实推动卫生事业发展；③学科建设方面，我国现有卫生管理类杂志三十多种，并出版发行了诸多卫生管理专业教材和专著，为学科的发展打下良好基础。

表6.1　　硕士招生高校一览表

一级学科	大　学
1204	中国人民大学、北京协和医学院、首都医科大学、北京中医药大学、天津医科大学、河北大学、中国医科大学、南京大学、苏州大学、浙江大学、杭州师范大学、安徽医科大学、安徽中医药大学、厦门大学、福建医科大学、潍坊医学院、河南大学、武汉大学、华中科技大学、武汉轻工大学、中南财经政法大学、广州中医药大学、广西师范大学、重庆医科大学、陆军军医大学、成都中医药大学、西南财经大学、贵州财经大学、陕西师范大学、空军军医大学、宁夏医科大学、新疆医科大学
1074	北京大学、山西医科大学、吉林大学、哈尔滨医科大学、黑龙江中医药大学、复旦大学、海军军医大学、厦门大学、南昌大学、山东大学、青岛大学、郑州大学、武汉大学、南华大学、中山大学、广西医科大学、四川大学、昆明医科大学、空军军医大学、兰州大学
1004	广西医科大学

我国社会医学与卫生事业管理学虽发展较快，卓有建树，但由于本学科发展长期处于传统的卫生行政管理体制的框架内，目前在培养对象定位、教学内容和培养模式等方面还不能满足卫生事业高级管理人才的要求；而且，伴随人们健康和医疗卫生需求的多元化，以及医学和科技的进步和医疗卫生体制改革的深化，传统的社会医学与卫生事业管理学的人才培养方案，已经不能满足当前我国卫生事业管理人员所从事工作岗位的要求。故本学科人才培养方面存在不足之处，具体主要表现在以下方面：

（1）各院校发展不均衡。虽然社会医学与卫生事业管理学在多个高校开设，但受诸多因素的影响，各院校间学科发展不均衡。总体而言，东中部地区院校发展优于西部地区，老牌院校仍表现出较强的科研实力。东中部地区相较于西部地区经济水平较高，社会发展情况较好，教育资源投入充足，学科发展有着诸多便利条件与优势；而教育资金较为匮乏的西部地区院校，更愿意将资金投入重点优势学科，使得较为弱势的学科缺少发展的机会与动力，学科发展停滞不前。此外，老牌院校因其具有的良好的科研基础、强大的师资队伍、丰富的教育资源、先进的办学理念，在学科发展上具有先天优势，能保持较强的科研实力，其余院校较之则稍显弱势。故社会医学与卫生事业管理学在经济实力、科研基础、学科偏好等因素的作用下，各院校之间的发展差距日益扩大，由此导致各院校社会医学与卫生事业管理学专业的毕业生专业素质水平不一、良莠不齐，真正能符合医疗卫生事业的高素质专业管理人才标准的学生有限，无法充分满足我国卫生事业发展需要。

（2）理论教学内容存在缺陷。第一，社会医学与卫生事业管理学课程内容设置上重医倾向严重，各院系几乎都把医学作为社会医学与卫生事业管理学的背景与基础，存在重医疗卫生学科、轻管理学科的现象，淡化了卫生事业管理专业的特点，管理相关知识的教学有所不足；第二，社会医学与卫生事业管理学没有充分凸显本专业的交叉性质，其所开设的医学、卫生学相关课程与临床治疗、预防保健等专业相雷同，管理类的课程也不能很好地与医疗卫生行业的情况相结合，没能充分融合医学与管理学，体现学科特色；第三，社会医学与卫生事业管理学教学内容缺乏人文社科、自然科学等人文素质教育，其以开设极具专业性的课程为主，关于组织协调能力、公文写作能力、沟通交流能力等方面的课程开设较少，与全方面发展的高素质卫生事业管理人才的需求不符。

（3）实践教学较为薄弱。社会医学与卫生事业管理学需以培养高素质、专业的兼具理论知识和实践技能的应用型人才为主要目的，实践教学则是增强学生实践能力，培养此类人才的有效途径。然而现社会医学与卫生事业管理学的教学中多存在注重理论知识、轻视实践技能的不良现象，理论教学与实践教学的课程学时比例悬殊。教学课程多停留在传授书本的理论知识层面，而缺少实践教学，未能给学生充分地将理论转化为实践、检验自身实践能力、提升自身实践水平的机会。

6.2 社会医学与卫生事业管理学发展历史

从新中国成立以来，经过半个多世纪的发展，我国社会医学与卫生事业管理学专业已经形成较为完整的学科体系，尤其在21世纪以后，全国上百家学校开设此门专业。

6.2.1 我国社会医学与卫生事业管理学发展历史

我国社会医学与卫生事业管理学在新中国成立后的发展可以概括为三个阶段。

1. 第一阶段　初创与波折时期（1949—1978年）

从建国之初到改革开放这一时期，我国的社会医学与卫生管理表现为学习苏联和自力更生两种形式，并受“人民公社化”“文化大革命”的影响，印有鲜明的时代印记。我国的卫生管理学源于苏联，苏联建立保障人民健康的组织形式，称之为保健组织学，按人口比例设置各级医疗预防机构，制定各级业务机构的编制、序列、机构、职能和任务，卫生统计学、生命统计学、劳动保护等学科作为保健组织学的主要内容，向医学生讲授这门课，使医学生掌握必需的卫生管理知识。20世纪50年代，卫生管理学的先驱钱信忠受组织委派赴苏联学习保健组织学，回国后创建了卫生干部进修学院，举办了保健组织学师资班，培养了保健组织学教学人员，开设了保健组织学课程，这是卫生管理学的前身，也是卫生管理学初创时期的发展印迹。

卫生业务机构设置参照苏联的有卫生防疫站、妇幼保健、卫生教育宣传、疗养院、专科防治等。建国初期我国的高等医学教育计划、院系设置等基本也是搬用苏联的经验，并使医学院全部脱离综合大学。

我国在培养初级保健卫生人员和建设卫生服务体系的特色化实践方面的经验主要有三条。一是重视培养初级卫生人员，健全基层卫生组织，建国后，在广大农村培训卫生员、防疫员、助产员、改造旧产婆等工作广泛地展开。在防疫工作中又培训了各种疾病的防治员。卫生工作随着社会经济和政治运动的变迁，基层卫生组织形式也有所变迁，例如合作化时期由卫生员、助产员等建立了农业社的保健站，私人开业医生组成农村联合诊所由1950年的803所发展到1956年的51000所以上；二是发挥我国传统中医药学的优势，中医与中药是祖先留给炎黄子孙的巨大宝库，经验值大，且成本低廉；三是发动人民群众，开展爱国卫生运动，如1952年反细菌战动员、1956年以“除四害，讲卫生，消灭疾病”为中心内容的全民爱国卫生运动。

1956年后全国卫生业务机构设置随着人民公社的成立，联合诊所大部分转为公社卫生员，有的地方在农村保健站的基础上开始实行合作医疗制度，也就是在国家和集体的帮助下农民集资联合办医的新形势。农村基层卫生组织集成发扬传统医学，在开展基础临床科学研究、中西医结合等方面发扬了我国固有优势。

20世纪50年代末期开始，因受国内外政治因素影响，保健组织学建设受到干扰，原有卫生干部进修学院被撤销，保健组织学教研室名称被变更，保健组织学课程被迫停止讲授。特别是受“文革”的影响，卫生管理学的建设处于停滞状态。

自20世纪60年代开始，我国医学教育根据固有经验和借鉴苏联和国外经验，制订了专业设置和教学计划，编印了我国自己的高等医药院校的全部教材，并开设了中医、中药学的课程。

2. *第二阶段　恢复与定名时期*（1978—1997年）

党的十一届三中全会后，全党重视科学管理，卫生部组织相关人员编写卫生事业管理书籍并颁发一系列文件，极大地促进了卫生事业管理学科的发展。卫生部门在教研、干部培训管理人才的培养方面也做了很多工作。在这个时期，全国性学会和期刊陆续创立，社会医学与卫生事业管理学科的研究工作与教学工作逐步开展起来，社会医学与卫生事业管理的实践也逐渐从经验管理向科学管理转变。

1978年卫生部要求有条件的医学院校恢复和重建保健组织学教研室。同时，由于介绍了西方的管理学、卫生经济等，特别是在世界卫生组织支持下多次组织规划管理讲习班，对我国卫生管理工作起到了极大推动作用。卫生管理教育在钱信忠和陈海峰等老一辈学科开创者的组织和积极推动下，在全国范围内得到迅速恢复和发展，特别是之前停滞的《中国医学百科全书　社会医学与卫生事业管理分卷》的重新出版为卫生管理学科的建设发展提供了强有力的支持，“社会医学与卫生事业管理”也正式成为这一学科的名称，被列入教育部学科招生目录，预示着卫生事业管理发展春天的来临。

20世纪80年代以来，随着卫生管理的科学化，卫生管理科学研究迅速开展，在国家自然科学基金、卫生部科研基金中都设有卫生管理软科学研究项目，设计卫生事业宏观及微观管理的科研项目纷纷开展，并取得了诸多成果，如人人享有卫生保健评价标准。卫生经费总量控制、结构调整、贫困地区卫生费用的筹集与管理等课题的研究成果，已被国家有关部门采纳，制定为国家政策。

为培养懂得社会医学与卫生事业管理的干部人才，1982年开始在全国设置七所卫生干部培训中心，分设于北京医科大学、上海医科大学、北京中医学院、哈尔滨医科大学、西安医科大学、华西医科大学、同济医科大学。同时，我国卫生行政管理部门决定在全国按大区建立5个卫生管理干部学院，并举办了三年制的卫生管理专修科专门培养卫生管理人才，以及举办卫生厅局长参加的短期卫生管理讲习班，卫生管理在职干部的函授教育也同时展开，在全国普遍进行了县级卫生机构负责人的业务统一考试。据统计到1990年年底，接受卫生管理培训的在职干部达15万人次，接受学历教育的约5000人次。

借鉴国外的经验，一些院校开设社会医学与卫生事业管理课程，并在全国各地开展了社会医学与卫生事业管理的学科建设。这一时期卫生管理学科发展最显著的标志是我国从1983年开始在医学院校招收卫生管理专业的硕士研究生和成人专科生、1985年开始招收本科生、1993年开始招收博士研究生。通过不同层次的卫生管理专业教育实践，初步形成了一套适应我国社会发展需要的培养多层次卫生管理人才的办学体系，卫生管理教育体系逐步形成并日臻成熟。与此同时，各级各类的卫生管理专业研究机构相继建立，针对我国卫生工作发展实践中存在的问题开展了诸如三级医疗预防保健网的建设、医疗卫生保健制度的设计、区域卫生规划的制定、初级卫生保健的推进等研究，为这一学科的发展注入了强大的发展生命力。到20世纪80年代末我国的卫生管理教育机构有33个，分别为：北京医大卫管中心、上海医大卫管中心、哈尔滨医大卫管中心、同济医大卫管中心、华西医大卫管中心、西安医大卫管中心、北京中医大卫管中心、广东卫管中心、福建卫干培训中心，共计9个；四川卫生管理干部学院、吉林卫生管理干部学院、广西卫生管理干部学院、黑龙江卫生管理干部学院（已撤并），共计4个；辽宁职医卫管系、天津职医卫管系、北京职医卫管系、河北职医卫管系、上海职医卫管系、湖北职医卫管系、武汉职医卫管系、河南职医卫管系、贵州卫生干部学校卫管专业、青海卫生干部学校卫管专业（已停招生），共计10个；上海二医大卫管系、第二军医大卫管系、安徽医大卫管学院、大连医大卫管系、胡北医大卫管系、潍坊医学院卫管系、河南医大卫管系、遵义医学院卫管系、广东医药学院管理系、山西医学院卫管专科班（仅办三期），共计10个。

随着社会医学与卫生管理科学研究的开展，学术活动渐渐活跃。1988年成立了全国性卫生管理学会——中华预防医学会卫生事业管理分会，该学会下又相继成立了卫生管理教育学组、中青年卫生管理学组、初级卫生保健学组（1966年经批准成立中华预防医学会初级卫生保健分会）、少数民族卫生事业管理学组、城市卫生事业管理学组；同时，还先后成立了卫生经济学会、医院管理学会、社会医学会、卫生行为学会、卫生法学会等。学会的成立大大促进了社会医学与卫生管理学术活动的开展。

作为学术交流的阵地，各种社会医学与卫生事业管理的杂志应运而生，重要的有《中国农村卫生事业管理》《中国医院管理》《中国卫生经济》《中国初级卫生保健》《中国卫生》《中国公共卫生》《中国卫生事业管理》《中国卫生统计》《中国社会医学》《中华医院管理》《中华预防医学》《中国医学伦理学》《现代卫生事业管理》《医学与哲学》等，《国外医学》还相继出版了《医学教育》《卫生经济》《医院管理》和《社会医学》等。

同时，一大批社会医学与卫生事业管理的学术著作相继问世。如钱新忠主编的《中国医学百科全书-社会医学与卫生管理》，朱敖荣、戴志澄、毛磊主编的《卫生管理学基础》，陈海峰主编的《中国卫生保健》，彭瑞骢、高良文主编的《中国卫生事业管理学》，胡善联主编的《外国卫生事业管理》，朱敖荣主编的《卫生管理学》，梁佶材和顾杏元主编的《社会医学》等。

20世纪80年代末至90年代初，随着卫生改革不断深入，管理体制逐步转变，主管部门领导思想偏差，卫生管理教育开始走下坡路。进入90年代初，卫生管理教育前景不明，更是被迫步入低谷。生源不足，主管部门的政策制约，管理干部选拔政策导向不明确等严重阻碍了卫生管理教育的发展。

3. 第三阶段　建设与发展时期（1997年至今）

进入改革开放的新时期，在医疗卫生事业的社会主义市场经济体制改革下，关于医疗卫生事业是采用计划经济发展方式还是采用市场经济发展方式的学术争鸣异常激烈。1997年在《中共中央　国务院关于卫生改革与发展的决定》中提出了新时期我国卫生事业性质是“政府实行一定福利政策的社会公益事业”，2009年《中共中央　国务院关于深化医药卫生体制改革的意见》中强调“坚持公共医疗卫生事业的公益性质”，为这一时期的卫生发展理论提供了正确的导向。

《中共中央　国务院关于卫生改革与发展的决定》还明确提出“高度重视卫生管理人才的培养，造就一批适应卫生事业发展的职业化管理队伍”促进卫生事业的健康发展。以1999年我国扩大招生规模为标志，国内许多地方高等医药院校开办了社会医学与卫生事业管理专业和相关专业，教育教学模式不断优化，人才培养质量不断提高，科研水平与科研能力不断增强，卫生管理学科呈现超常发展之势。《中共中央　国务院关于深化医药卫生体制改革的意见》中也明确指出：“必须加快建设一支职业化的卫生管理队伍。”所谓职业化的卫生管理队伍即是将卫生管理作为一个职业，由一批接受过专门培养的专职人员从事卫生事业管理工作。而建立一支职业化的卫生管理队伍的任务首先落在了全国从事卫生事业管理教育的高校头上。

经过20多年的发展，卫生管理专业日渐成熟，已成为我国公共管理学科的重要分支，学制分为三年专科教育、四年或五年本科教育以及研究生教育，办学层次迅速向高层次教育发展。据不完全统计，目前我国开展卫生管理学历教育的高校有101所其中有80%的高校培养本科生，61.4%的高校培养硕士研究生，17.8%的高校培养博士研究生，先后培养了大批的卫生管理专业人才，为推动我国卫生改革起到了积极、有效的作用。

在21世纪，卫生事业管理学又进入了快速发展的时期，全国上百家高校迅速开设了此专业。但是，由于各校开设卫生事业管理专业的时间、从事卫生事业管理专业教学的师资队伍水平以及整体办学能力有着很大差异，造成卫生事业管理专业本科教学质量良莠不齐。而且随着经济社会不断发展，医药卫生体制改革日趋深入，我国的卫生管理体系面临着一系列的机遇和挑战。经济转型期卫生行业的管理创新、入世后卫生管理的职能转变、医药卫生体制改革卫生管理的角色调整、医学模式转换后管理方式的变革等，众多变革对社会医学与卫生事业管理人员的综合素质提出了更高的要求，也对社会医学与卫生事业管理教育和人才培养提出了新的课题。

6.2.2　国外社会医学与卫生事业管理发展历史

卫生管理学是将管理学的理论和方法引进卫生事业领域形成的一门分支科学。19世纪以前，管理领域并未形成独自的理论体系，管理思想散见于哲学、经济学、政治学、社会学等其他学科的论著之中。19世纪末20世纪初才可见到管理学基本概念应用的具体实例，并开始从积累的经验中抽象概括出科学管理的理论，逐步形成一门独立的学科。法国管理学者法约尔是管理教育开先河者，他首先提出应在大学设立管理学课程。20世纪30年代美国芝加哥工商学院开设了医院管理学课程，开始把管理学的基本概念和原理引入卫生保健事业。英、法、日、澳等国均在20世纪40—50年代开始卫生管理教育，该领域才得到较快的发展。20世纪70年代后，卫生管理教育迅速发展成为世界各国高等院校的重要专业，而卫生事业中的专门管理人才也日益受到重视。

6.3 社会医学与卫生事业管理学研究内容

社会医学与卫生事业管理学是一门交叉学科，它采用社会科学、医学与管理科学的角度来研究医学、社会、社区及其卫生机构、卫生事业等领域，故其研究内容较为广泛。下面从教学、科研两个层面简要介绍社会医学与卫生事业管理学的研究内容。

6.3.1 教学层面

在教学实践中，社会医学与卫生事业管理学是以防治疾病、增进人民健康等为目标，以医学模式、医疗制度、公共卫生政策与法规、社区卫生、医院管理、医疗保障制度等为研究对象的综合性专业。社会医学与卫生事业管理学培养能够系统掌握卫生管理学的基本理论、社会科学和卫生管理的研究方法，熟悉管理学、社会医学、卫生经济学、卫生法学等知识与技能、卫生事业管理的方针政策和法规，具备基本医学基础理论、较为开阔的社会科学和管理科学学术视野，拥有运用医院管理理论熟练地解决医院管理实际问题的实践能力的复合型、应用型人才。

纵观国内高校的社会医学与卫生事业管理专业，其研究方向大都根据学科特点与专业实际（包括师资力量等因素）而设置。目前教学领域社会医学与卫生事业管理学的主流研究方向包括：社会医学、医院管理学、卫生政策与管理、卫生经济学、医学教育管理、健康教育、医疗保障等。各校也根据自己实际情况开设了一些特色研究方向，如复旦大学的卫生法与卫生监督、四川大学的卫生人力资源管理、浙江大学的肥胖与伤害的病因和防治等。

各高校的课程设置与其设立的研究方向密切相关。总体而言，设置的主流课程为社会医学、卫生事业管理、社会保障与医疗保险、卫生经济学、医院管理学、管理学原理等。为彰显研究方向的特色，部分高校设置了以卫生项目管理与评价、卫生人力资源管理、卫生服务营销管理、医疗机构战略管理新兴课程。设置的特色课程有广西大学的卫生政策研究，山东大学的卫生保健项目评价，广州中医药大学的管理与心理测量的方法等。各校除像其他学科硕士点开设理论性课程、专题或讨论及跨学科课程外，还普遍重视在课程体系中开设研究方法和技术等课程，如文献检索与利用、社会科学研究方法与设计、统计软件的应用、卫生统计学等。

2016年，《“健康中国2030”规划纲要》《“十三五”深化医药卫生体制改革规划》为全面深化医药卫生体制改革、提高全民健康水平、推进健康中国建设提出了更高的目标和要求。加强社会医学与卫生事业管理专业学科发展建设是满足国家卫生领域事业发展的需要。目前，多所高校将公共卫生事业改革、公立医院的重组与改制和私立医院的营运管理等问题研究设置为该专业新的发展方向，积极考虑社会的需求和卫生事业日新月异的变化。专业培养方式亦显示出参与式和社会实践的特征，将实践训练运用到学生培养模式之中，安排到相关实践岗位实习工作，在实习工作中完成研究，在研究中体会工作实践，注重发挥其专业能力与特长，让学生参与工作的各个环节培养锻炼学生的科研创新思维、现场动手能力和在真实的卫生组织环境中解决实际问题的能力。

6.3.2 科研层面

近年来，社会医学与卫生事业管理研究取得了丰富的成果，研究领域得以扩宽，研究越来越深化，学科交叉研究不断充实本学科的发展，有关理论的研究成果也正在转化为健康中国建设的实践。许多学者对社会医学与卫生事业管理学科进行多角度、多层次地研究，对学科发展进行全方位的描述，并且得出相关结论与发现。这些科研成果主要体现在下列几个方面：

（1）医院方面研究，包括医院管理、医院发展、医院成本核算、医疗服务、医疗质量等。医院方面研究一直是近期社会医学与卫生事业管理研究的核心。随着人民生活水平不断提高，公众对医疗卫生需求不断增加、对医疗质量要求不断提高。医疗资源供小于求的现状迫切要求医院在管理方式、服务水平、信息技术等各方面进行创新。如今，医院已经从传统医院逐步转变为现代医院，医院的功能也从过去单纯的诊断、治疗转变为现在的预防、保健、诊疗和康复。无论是医院管理者还是学科研究者都必须适应这种变化，深化对医院方面的理论研究并投入实践，实现医院资源的优化与重组。

（2）公共卫生与公立医院研究，包括医疗保障、医疗费用、公益性等，是社会医学与卫生事业管理学研究的热点领域。自 2009 年《中共中央　国务院关于深化医药卫生体制改革的意见》颁布以来，国内学者对公立医院的研究甚多，包括公立医院运行机制的各个层面和方面，公立医院存在和发展的必要性、公立医院存在的问题以及公立医院改革面临的困难等。

（3）医患关系研究，包括医疗纠纷、医疗事故、以人为本等。在伤医事件频发的当下，医患关系是社会医学与卫生事业管理学研究绕不开的话题，诸多学者对造成医患矛盾的原因进行了不同角度的探索。但如今，造成医患关系紧张的原因依然极其复杂。

（4）卫生服务研究，包括卫生服务、卫生资源、卫生系统等。随着国家促进基本公共卫生服务均等化，如何公平高效提供卫生服务、分配卫生资源亦是如今学科研究的热点。

（5）医疗保险研究，包括基本药物制度、医疗费用、公平性等。现阶段，我国已经基本建立新型农村合作医疗保险、城镇职工基本医疗保险和城镇居民基本医疗保险制度。但是对于医保的政策管理不够健全、如何提高医保政策的公平性、如何应对医疗费用的急剧膨胀等问题一直以来都是本学科的研究热点。

（6）基层医疗研究，包括新型农村合作医疗、农村卫生、乡镇卫生院、社区卫生服务等。社区卫生服务旨在以低成本、高效益来解决社区主要卫生问题，乡镇卫生院作为农村三级医疗卫生服务网的主体和网底，其服务能力好坏直接影响了人人享有基本医疗卫生服务目标的实现。自新农合及新医改实施以来，基层卫生服务情况已有好转，但如何可持续地提高基层医疗服务能力仍然存在很多问题。

如今，社会医学与卫生事业管理学研究正在进入新的发展时期。党的十九大报告明确：人民健康是民族昌盛和国家富强的重要标志，实施健康中国战略，完善国民健康政策，为人民群众提供全方位全周期健康服务。深化医药卫生体制改革，全面建立中国特色基本医疗卫生制度、医疗保障制度和优质高效的医疗卫生服务体系，健全现代医院管理制度。加强基层医疗卫生服务体系和全科医生队伍建设。全面取消以药养医，健全药品供应保障制度。坚持预防为主，深入开展爱国卫生运动，倡导健康文明生活方式，预防控制重大疾病。支持社会办医，发展健康产业。积极应对人口老龄化，构建养老、孝老、敬老政策体系和社会环境，推进医养结合，加快老龄事业和产业发展。这些政策不仅标志着党对人民健康重要价值和作用的认识达到了新高度，充分体现了党对人民健康高度负责的政治态度和责任担当，更为社会医学与卫生事业管理学的研究提供了新的发展空间。

6.4 本章小结与典型案例分析

6.4.1 本章小结

社会医学与卫生事业管理学是研究卫生事业发展现状及其影响因素，用管理科学的理论和方法来探索如何通过卫生服务把卫生资源和科学技术进行合理分配并及时提给全体居民，最大限度地保障人民健康的一门应用学科。社会医学与卫生事业管理学属于管理学门类的公共管理学科分支。社会医学与卫生事业管理学对培养卫生事业管理专业人才，促进卫生事业发展，助推健康中国战略实施起到了重大作用。我国的社会医学与卫生事业管理学经历了初创与波折时期、恢复与定名时期和建设与发展时期三个阶段。总之，我国既学习借鉴西方的管理学思维、课程设置等，又立足于我国国情，发挥体制优势、传统中医药优势，逐渐完善本科—硕士—博士教育，并建立多层次的专科教育、继续教育、干部培训教育体系。在本学科研究内容上，分为教学层面和科研层面，目前教学领域社会医学与卫生事业的主流研究方向是：社会医学、医院管理学、卫生政策与管理、卫生经济学、医学教育管理、健康教育、医疗保障等。近年来在研究层面研究取得了丰富的成果，许多被国家相关部门借鉴采纳，成为国家战略。如今，社会医学与卫生事业管理学研究正在进入新的发展时期，随着医疗体制改革、人口老龄化、突发公共卫生事件的发生，对社会医学与卫生事业管理学也提出了新的挑战。

6.4.2 典型案例分析

社会医学与卫生事业管理学在抗击新冠肺炎疫情中的应用和某高校社会医学与卫生事业管理学科点的具体设置为典型案例进行分析。

案例一

社会医学与卫生事业管理学在抗击新冠肺炎疫情中的应用❶

2019 年 12 月以来，新型冠状病毒疫情迅速蔓延，使得突发公共卫生事件成为学界研

❶ 高巍．浅析公共卫生管理在抗击新型冠状病毒肺炎疫情中的作用［J］．成都医学院学报，2020，15（1）：112－114.

究的重要问题。突发公共卫生事件的有效防范，能够最大限度降低给人民群众生命财产安全带来的损失，对保障人民的生命健康，维护社会经济平稳运行具有重要意义。社会医学与卫生事业管理工作是防范突发公共卫生事件中的重要环节和内容。

由于此次新冠病毒存在种类新、传染性强、隐秘性大等特点，其预防需要在多主体共同参与、综合作用下才能顺利进行。在抗击新冠肺炎疫情中主要存在着三种卫生事业管理力量。

(1) 卫生事业管理主体。以卫健委为代表的卫生健康行政部门在应对公共卫生事件中起着重要领导作用，体现在宏观调控的各个方面。首先，国家卫生健康委员会接连发布关于疫情防控工作的总体要求和相关部署，如《关于加强新型冠状病毒感染的肺炎疫情社区防控工作的通知》(肺炎机制发〔2020〕5号)、《关于加强基层医疗卫生机构新型冠状病毒感染的肺炎疫情防控工作的通知》(国卫办基层函〔2020〕7号)、《关于做好老年人新型冠状病毒感染肺炎疫情防控工作的通知》(肺炎机制发〔2020〕11号) 等，为社会各个部门防控提供了行动指南，为防止新冠肺炎在人群中的进一步扩散提供了坚实基础。其次，卫生健康行政部门切实做好疫情监测工作，国家卫健委每日在官网发布新冠肺炎确诊、疑似、死亡病例人数，充分掌握疫情发展的情况和趋势。最后，相关部门联合人民日报等官方媒体，充分发挥宣传优势，为人民群众提供真实可靠的防疫知识、诊疗方案，及时肃清谣言，为疫情防控打造了良好的舆论环境。

(2) 卫生事业服务主体。各地公立医院切实做好患者接诊救治工作，选派技术骨干力量参与医疗救治工作，及时隔离发热患者，按照“四早”“四集中”原则及时处置或转运救治疑似和确诊患者，并按有关规定上报，严格保证医疗质量和医疗安全。各地社区卫生服务中心（站）、乡镇卫生院和村卫生室等基层医疗卫生机构根据区域防控工作需要，积极配合做好城市社区和乡村防控工作。协助追踪、督促来自疫情发生地区人员居家医学观察。在疫情发生地区协助追踪和管理确诊病例和疑似病例的密切接触者，配合上级疾控机构规范开展病例流行病学调查，协助落实密切接触者居家医学观察措施，做好健康指导服务。此外，各级卫生健康行政部门全面组织动员社会办医力量，统一服从本地疫情防控工作部署调度，制定具体工作方案，加强医务人员和医用物资调配储备，做好患者接诊救治、医疗机构内感染防控等工作。

(3) 社区与社会组织。疫情期间社区、养老驿站、老年组织、物业等在各自领域和职责范围内做出积极努力，相互配合、互为补充，整合各方资源，最大限度地发挥各自优势，合作供给资金、产品、服务，满足公众各方面的需求。如西宁市的西宁景辉物业服务公司在小区宣传栏、消防通道等醒目位置张贴宣传标语，充分利用小区“小喇叭”广播宣讲疫情防控知识，在小区业主微信群、朋友圈、公众号等实时发布信息资讯，编印并发放《疫情防控应知应会手册》，普及疫情防控知识，引导群众正确理性看待疫情，最大限度纾解小区居民焦虑情绪，消除恐慌心理。在全民防疫这个特殊时刻，以养老驿站为代表的社会组织在做好最后一公里服务方面显示出独特优势。例如，北京市通州区瀚丰居家养老服务中心运营的东亚印象社区养老驿站、润枫领尚社区养老驿站以及侯东仪村幸福晚年驿站的工作人员在辖区街道和乡镇党委政府的领导下，为行动不便的居家老年人买菜送菜、发消毒液、测量体温等，他们始终坚守社区为老服务第一线，给老人们在微信群讲解居家防疫抗疫知识、教居家老年人健身操、举办活力老人居家做健身操健康打卡活动，让老人们在自己家里锻炼身体纾解心情，还为老年人做心理慰藉和电话回访工作。

新型冠状病毒肺炎在全国乃至世界范围的蔓延表明，目前我国应对突发公共卫生事件的预防工作虽然取得了一定的成绩，但也存在着很多的不足，需要提高防治工作水平、完善优化防治体系，这为社会医学与卫生事业管理学的发展提供了更加广阔的发展空间。我国社会医学与卫生事业管理学研究的春天已经到来。

案例二

某高校社会医学与卫生事业管理学科点

社会医学与卫生事业管理学科点成立于1982年，分别于1989年和1993年率先获硕士和博士学位授予权，1998年成立博士后流动站，1997年成为“211”重点学科，2017年被列入“双一流”学科建设项目，是专门致力于医疗卫生发展战略性和基础性研究的科研和教学机构。

学科点的宗旨是依据结合国情的原创研究成果，促进卫生管理和政策学科的发展，并为政府制定切实可行的重大医疗卫生政策提供技术支撑，为我国医疗卫生事业的健康发展服务。学科点注重学术原创性和国际先进性，更关注如何解决我国医疗卫生事业发展中的潜在重大问题。围绕学科点的宗旨，在长期的研究过程中已经形成了卫生政策研究、卫生资源配置、医疗卫生机构管理、卫生服务研究、卫生技术评估、医疗保障制度、社会医学与社区卫生、卫生监督与卫生法等八个研究方向。经过学科点主要成员的共同努力和有机分工，学科已进入良性循环的快速发展轨道即特色鲜明——各方重视——成果突出、效益显著——学科影响力和地位稳步攀升——队伍稳定、学科发展。

目前，学科获得多个同领域国内第一：学科点2002年和2007年成为国内同领域唯一的国家重点学科。2004年成为教育部985二期创新研究基地，建立了卫生部医学技术评估重点实验室。在苏、鲁、沪、冀建立了四个政策研究——实践基地，培养的3200名卫生管理者遍布全国。教育部学科评估：科研和人才培养全国第一。

(1) 学科点已经形成了鲜明的研究特色。其典型特色为“原创、循证、科研与国情结合、研究者与决策者结合、多学科交叉融合，以及定量与定性结合”，也形成了较为完善的政策研究方法学。“保持特色即是坚持原创”已成学科点共识。

(2) 学科点研究项目众多。围绕八个研究方向，学科在过去10年中，共获得纵向项目393项，其中自然科学基金重点项目1项，国家科技部“十一五”支撑项目1项，面上项目和青年基金共21项，国际合作42项，累计经费约5596万元（未计985二期、三期和211三期的1200万元建设经费）。109项研究成果被各级政府采纳应用。2名博士生论文被评为上海市优秀博士论文，一篇博士论文获得全国优秀博士论文提名。团队2009年成为学科首个入选教育部创新项目团队。

学科点研究成果突出、效益明显：控制医疗费用过快增长、解决看病贵问题等26项重大政策研究成果被国务院等决策部门采纳，获39项省部级科技奖，其中国家奖2项。上海市财政局对医疗费用“总量控制、结构调整”政策的核算报告显示，在沪实施2年半，减少药品支出50亿元，节约医疗费34亿元。该政策被国务院确定为“三医联动”的改革基础。聚焦公共卫生体系建设系列的政策研究，取得了突破性进展，列为国家自然基金委20年优秀成果。另外药品政策、生殖技术管理、社区卫生服务、农村合作医疗、农村三级卫生网、基本医疗、区域卫生规划、卫生技术准入等研究成果被有关部委或多地采纳，取得了重大的社会经济效益。

在历届领导班子和学科带头人的引领下，针对我国先后出现的关乎人群健康的血吸虫病、病毒性肝炎、结核病、艾滋病、SARS、流感和禽流感等重大疾病的防控和应急处置，以及城市化进程中产生的环境污染和相关健康问题、现代公共卫生体系建设、医药卫生体制改革、妇幼与少儿健康、健康促进及健康教育和近年来广受关注的全球健康等多个重要领域的问题，全体师生始终保持勇于探索、不懈努力的精神，在诸多领域做出了卓越贡献，在国家及地区的疾病预防控制和卫生事业发展中，发挥了不可替代的引领作用，推动了中国乃至世界公共卫生事业的发展。

当前，《“健康中国2030”规划纲要》已经明确提出了“共享共建，全民健康”的战略主题。学科点在学院的领导下，将立足“大健康，大卫生”的高度，以科研、教学的不断改革创新，大力推进人才培养、师资建设、学术成果及社会服务等多方面的发展和进步，对接实现健康中国的“普及健康生活、优化健康服务、完善健康保障、建设健康环境、发展健康产业”这五大战略举措，全力建设世界一流学科。

（资料来源：复旦大学公共卫生学院官网）

进一步学习导引

1. 推荐阅读

（1）《卫生管理多因素分析》（陈景武，苏颀龄）。

（2）《卫生服务研究》（龚幼龙）。

（3）《卫生政策学》（郝模，王志峰，毛瑛，李士雪）。

（4）《社会医学理论与实践》（何廷尉）。

（5）《卫生管理经济学》（赫斯马特）。

（6）《社会医学概论》（李恩昌，卢希谦）。

（7）《卫生事业管理（第2版）》（李鲁）。

（8）《卫生事业管理学》（梁万年）。

（9）《社会医学新视野》（林新宏，上官辉，江建荣）。

（10）《社区医学》（唐军）。

（11）《现代卫生管理学》（杨土保）。

（12）《现代医院护理管理学》（叶文琴，朱建英）。

（13）《社会医学基本理论与方法》（张方振）。

（14）《高级医院管理学（第2版）》（张鹭鹭，李静，徐祖铭）。

(15)《医院管理学（第 2 版）》(张鹭鹭，王羽)。

(16)《社会医学与医学社会学》(张一鸣)。

2. 主要课程

主要课程包括：社会医学、卫生事业管理学、健康教育学、循证医学、全科医学概论、社区卫生服务、健康管理学、卫生经济学、卫生法学、卫生政策学等。